玛丽·居里：科学的信仰

MARIE CURIE
FEMME SAVANTE
OU SAINTE VIERGE DE LA SCIENCE ？

［法］弗朗西斯·巴里巴尔　著

李泓淼　译

SPM
南方传媒　花城出版社

中国·广州

图书在版编目（CIP）数据

玛丽·居里：科学的信仰 ／（法）弗朗西斯· 巴里巴尔著 ；李泓淼译. -- 广州 ：花城出版社，2025. 4.（纸上博物馆）. -- ISBN 978-7-5749-0423-1

Ⅰ. K835.656.13

中国国家版本馆CIP数据核字第2024F4T611号

著作权合同登记号 图字：19-2024-321 号

For Marie Curie. Femme savante ou Sainte Vierge de la science ?:
First published by Editions Gallimard, Paris
© Editions Gallimard, collection Découvertes 2006

本书中文简体版专有版权由中华版权服务有限公司授权给北京创美时代国际文化传播有限公司。

出 版 人：张 懿
项目统筹：刘玮婷 林园林
责任编辑：张 旬
特邀编辑：吴福顺 陈珮菱
责任校对：梁秋华
技术编辑：凌春梅 张 新
封面设计：刘晓昕
版式设计：万 雪

书 名	玛丽·居里：科学的信仰
	MALI JULI: KEXUE DE XINYANG
出版发行	花城出版社
	（广州市环市东路水荫路11 号）
经 销	全国新华书店
印 刷	天津睿和印艺科技有限公司
	（天津市武清区大碱厂镇国泰道8号）
开 本	710 毫米×1000 毫米 16 开
印 张	11.25 1插页
字 数	170,000 字
版 次	2025 年 4 月第 1 版 2025 年 4 月第 1 次印刷
定 价	78.00 元

如发现印装质量问题，请直接与印刷厂联系调换。
购书热线：020-37604658 37602954
花城出版社网站：http://www.fcph.com.cn

毕生致力于科学研究

感谢科学院授予我的巨大荣誉。我想这份荣幸不仅仅属于我自己，多年来，皮埃尔·居里与我并肩工作，共同发现了镭和钋。因此，我认为科学院刚刚授予我的诺贝尔奖，也是在对皮埃尔·居里表达敬意。此外，请允许我表达想到放射性时的喜悦之情。放射性现象的发现距今不过十五年，因此，放射性仍是一门非常年轻的科学。放射性就像一个孩子，我亲眼看见了它的降生，并尽我所能抚养它长大。这个孩子长大了，变得美丽无比。

玛丽·居里
1911 年接受诺贝尔化学奖时
在诺贝尔学院宴会上的讲话

$$T.\ 39270$$
$$T.\ 02723$$
$$\overline{2.\ 41993}$$

$$0.10925$$
$$Cl = 0.02630$$
$$\overline{Ra\quad 0.08295}$$

$$2.91882$$
$$2.41993$$
$$\overline{0.49889}$$

$$\frac{Ra}{Cl} = 3.154$$

$$1.85103$$
$$0.49889$$
$$\overline{2.34892}$$

$$Ra = 223.3$$

...duit avec Zu et HCl, lavé

...pesé

...+ argent $= 10.3942$
$$10.31461$$
$$\overline{Ag = 0.07955}$$

$$Cl\quad 0.02630$$

...AgCl $= 0.10564$

Sublimation des 0,5 de matière
tube à compartiments ...

matière blanche se sublime
avant que matière atteigne 100°
il dépose dans des régions à 60°
chauffé jusqu'à ... 100°

le soir
matière blanche ...
matière blanche et ...

3 juin (...) tension ...
... Hg
chauffé tout le jour

4 juin chauffé
150 ... A

5 juin 200° ... A ... matière cristallisée
ensuite mat blanche apparente

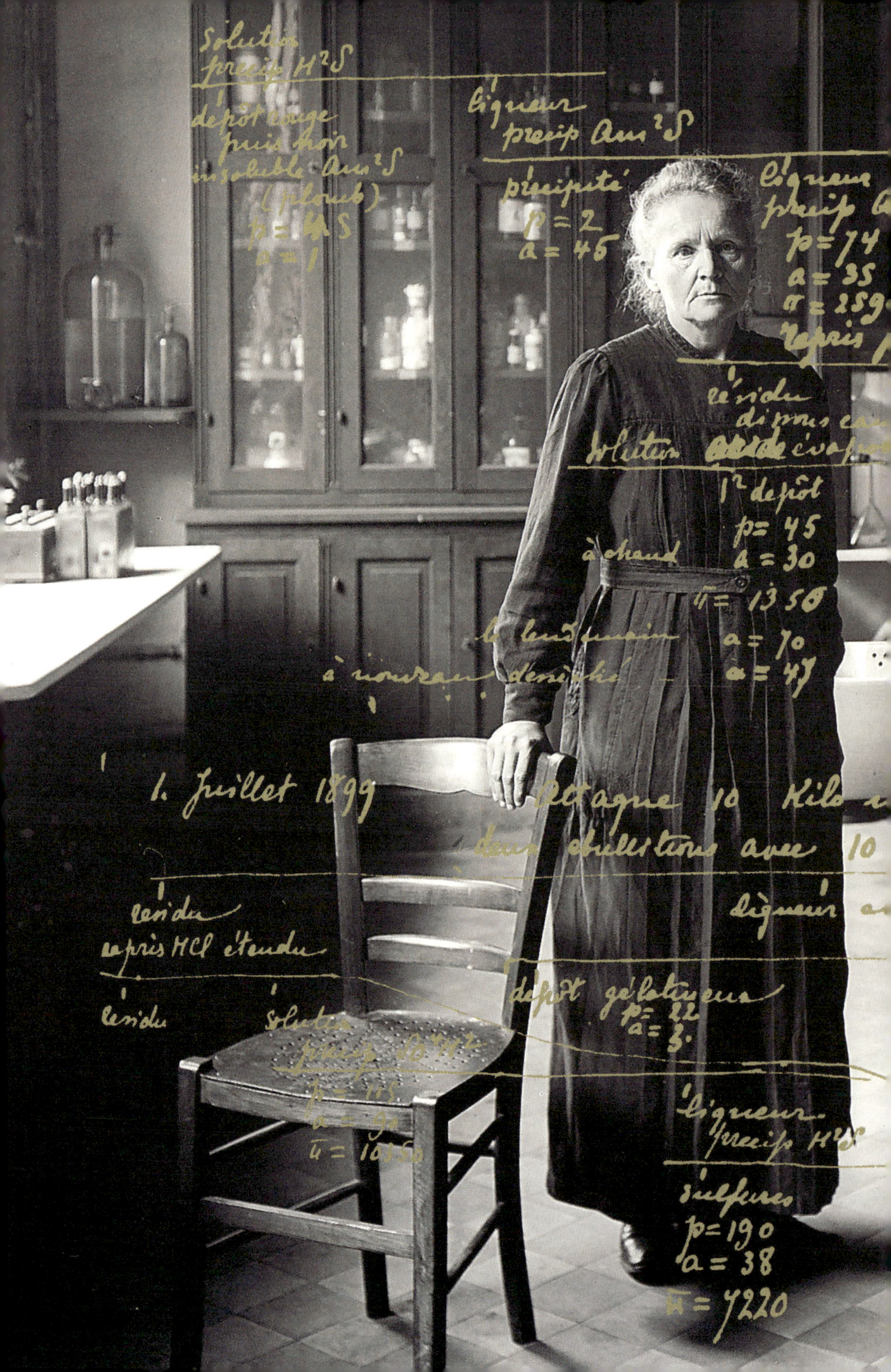
1. Juillet 1899

liqueur
acidifiée, précip noir
précipité
p = 0.8
a = 0
solution
précip Am
oxydes
p = 3
a = 0.25
solution évaporée
précip par Am et carb d'Am
p = 13
a = 0.1
1350
+ 176
1526
transformé en carbonate p = 2.3
a = 1.3
carbonate de soude (la 1re fois un peu soude)
qui dépose beaucoup de carbonate de soude
et une gelée
liqueur
précip. Na²S
sulfures
p = 66
a = 0.5
liqueur
jetée
oxydes précip par Am
liqueur

目 录
C o n t e n t s

玛丽亚·斯克洛多夫斯卡出生于 1867 年，在俄国占领下的波兰华沙长大。青年时期的悲伤和烦恼（母亲去世，经济捉襟见肘，令人失望的初恋）并没有阻挡她实现自身目标的脚步，她成功来到巴黎深造。在那里，她遇到了皮埃尔·居里，并与他结为夫妻。

第一章
女性才智觉醒

19 世纪末，来自东欧的年轻女性大量涌入西欧。这些女孩普遍来自奥匈帝国或俄罗斯帝国统治下的国家，出身资产阶级家庭的她们希望到西欧谋求一份工作。她们纷纷选择来到德国、法国和英国，因为这些国家原则上并不禁止女性上大学，尽管实际上真正能够进入大学的女性少之又少。

与米列娃·玛丽克（爱因斯坦的妻子）和罗莎·卢森堡一样，玛丽·居里（21 岁，上页图）是东欧那些梦想出国留学的年轻女性知识分子中的典型代表。来到巴黎时，玛丽 24 岁。最初她只想在这儿待上几年，然后就回到她的祖国波兰成为一名教师……

1863 年，华沙（左图为玛丽·居里的出生地弗雷塔街）爆发了"一月起义"，经过 18 个月的游击战之后，以起义者的投降而告终。玛丽亚的哥哥参加了这场起义并负了伤，不得不流亡国外。

1867 年 11 月 7 日，玛丽亚·斯克洛多夫斯卡（也就是后来的玛丽·居里夫人）出生时，华沙正处于俄国的统治之下。这座城市的波兰名字"Warszawa"被强制俄罗斯化为"Varshav"，并不再作为波兰的首都，原因很简单，波兰这个国家已经不复存在。1797 年，奥地利、普鲁士和俄罗斯三国达成协议，将波兰瓜分。因此，从 1797 年到 1919 年长达一个多世纪以来，在欧洲各个伟大的国家纷纷建立的时候，波兰只是一个概念，一段被波兰人民无限缅怀的逝去记忆，一份对虚无缥缈未来的荒诞期许。

波兰贵族化身民族代言者

玛丽亚·斯克洛多夫斯卡的父母亲均是施拉赤塔贵族后裔，施拉赤塔是波兰特有的一支贫穷但人数众多的小贵族，施拉赤塔在波兰语中意为主人阶层，只有它长期以来体现着波兰"民族"的概念，甚至连"Poland"这个词也只是简单指代贵族以外的其他人口。19世纪初，波兰的解体对施拉赤塔来说可谓一个真正的历史转折。事实上，大多数成员的贵族头衔已不再有效，不得不开始自谋生路。他们被迫与受教育程度较低的阶层混居在一起，摇身一变成了波兰人民的代言人，成功将自己国家的失败以及人民的所有苦难都归罪于外国列强，就好像他们自己几个世纪以来从未压迫人民一样。通过与大众这种狡猾又巧妙的结合，他们把一个"贵族国家"变成了"波兰民族国家"。

作为由贵族转变为波兰民族的知识分子阶层的代表，居里夫人的父母和祖父母体现出了波兰理想的精髓，他们坚定地展现了波兰理想的积极价值观，那就是骄傲、独立、（与生俱来的）平等观念、（自然）抵抗任何形式压迫的本能……玛丽亚的祖父约瑟夫·斯科洛多夫斯基是启蒙运动和法国大革命平等主义理想的狂热推崇者，他创办了一所乡村学校，打破自身阶级桎梏，开放思想，一视同仁地接纳农民和贵族的孩子入学。1830年11月，当施拉赤塔起义反抗俄国统治时，他加入了贵族军队。在起义失败并遭到血腥镇压后，他很幸运，既没有被枪杀，也没有被流放到西伯利亚，并且恢复了教学活动。

他的儿子，瓦迪斯瓦夫，也就是玛丽亚的父亲那一代长大成人了，但俄罗斯的占领似乎仍不

玛丽亚的父亲瓦迪斯瓦夫·斯科洛多夫斯基（下图）是一名高中教师，与玛丽亚的哥哥不同，他决定坚守在自己的岗位上，"在国内流亡"。他希望以此保存民族主义的火种，通过向所有儿童提供高质量的波兰语和科学教育来培养国家未来的骨干。起义结束后的镇压带来了一波强制性俄罗斯化的浪潮：禁止用波兰语教学，解雇大量波兰教师，取而代之的是俄罗斯人，但这些俄罗斯教师大多并不称职。瓦迪斯瓦夫一直担任教职至1873年。

1830 年 11 月 29 日，（在贵族带领下的）波兰人第一次奋起反抗俄国的占领。由于内部分裂，起义军向西方各国求助，西方政府却并未采取任何行动。1831 年 9 月 8 日，沙皇尼古拉一世夺回华沙。波兰面临一场更加严酷的镇压。法国陆军部部长在巴黎众议院为拒绝干预辩解时说了这样一句名言："华沙秩序井然。"在波兰 1863 年起义期间，新闻界经常播报西方国家的这种态度，正像费利西安·罗普斯在这幅石版画上所绘的那样。

会结束，他们面临着一个痛苦的选择：要么延续上一代人的浪漫理想，要么采取一种更为"现实"的立场，在不放弃社会平等理想的情况下，努力在占领下生活下去。

"坚强女人"的传统

玛丽亚的母亲布罗尼斯拉瓦·博古斯卡也是施拉赤塔阶层的一员。这一贵族的独特之处在于将两性平等视为理所当然，而且在现实中践行这一理念，具体体现在女性与男性拥有相同的财产继承权。波兰之所以在被瓜分之后仍然得以幸存下来，贵族制度的这一特点发挥了不可忽视的作用。当波兰男人被迫向占领者们妥协、说俄语、在俄国人手下服役时，波兰妇女因为有钱傍身而有了生活保障，而且（更重要的是）她们的母亲拥有财务自信，按照这种理念抚养下一代。在这种情况下，妇女将传统家庭主妇的岗位转变成了抵抗运动的战场：她们变身成为孩子们的波兰文化家庭教师。

玛丽亚·斯克洛多夫斯卡和她的兄弟姐妹以及她同时代的所有孩子一样，接受了在学校用俄语、在家用波兰语的双重教育。家中的教材通常是手写文本，因为波兰语教材被禁止印刷。玛丽亚由于是斯科洛多夫斯基家中最小的孩子，接受的这种来自母亲的家庭辅导最少。玛丽亚5岁时，母亲患上了肺结核，不得不到国外接受治疗，她被迫与母亲分离，但母亲的病情一直没有好转——因为在1882年之前结核分枝杆菌还没被发现。两年后，布罗尼斯拉瓦回到波兰，重新开始辅导孩子们的波兰语课程，但为了避免传染，孩子们必须与她保持物理隔离。随后发生了一件足以击溃她的灾难：她在国外长期疗养期间一直陪伴左右的女儿佐齐亚，当时年仅14岁，因患斑疹伤寒，几天后就去世了。两年后，1878年5月，布罗尼斯拉瓦也不幸离世。

10岁丧母

斯科洛多夫斯基家的孩子们五年来一直不能与母亲见面，随后又经历丧母之痛，不难想象这给他们带来了怎样的灾难性打击。其中最小的玛丽亚受到的伤害尤甚。众所周知，母亲和女儿之间的关系是多么复杂。玛丽亚只在婴幼年时期与母亲有过亲密接触，10岁时母亲去世，从此一夜长大，记忆中只有患病母亲因死亡而理想化的形象，这样一位女性的命运实在坎坷，但这个幼年丧母的女孩成了"玛丽·居里"。母亲身上承袭了一种传统，即妇女能够在不依靠男人的情况下自力更生，她对此坚信不疑，无疑在脑海中树立了一种坚强、自由、意志坚定和顽强奋斗的女性典型形

斯科洛多夫斯基的五个孩子（下图）才思敏捷，智力超群。从左到右分别为大女儿索菲娅（或佐齐亚），14岁时去世；海伦娜（或海拉），长大后成为一名大学教授；小女儿玛丽亚；儿子约瑟夫和女儿布罗尼斯拉瓦（或布洛妮娅）都选择学医，玛丽一生都与约瑟夫保持着密切的联系。

布罗尼斯拉瓦·博古斯卡（上页上图）少年时期就读于华沙最好的女子学校，这所学校在 1863 年起义前一直使用波兰语教学。不到 20 岁，她便被任命为这所学校的校长，并担任这一职务一直到 1868 年（上图为布罗尼斯拉瓦和丈夫与年轻的寄宿生们在弗雷塔街公寓的客厅中央留影）。在她的第五个孩子玛丽亚出生一年后，布罗尼斯拉瓦辞去了校长职务，全家搬到了男子学校附近，她的丈夫瓦拉迪斯瓦夫在那里谋得了一份教授数学和物理的工作。

象。不知是否有夸张的色彩，玛丽·居里在自传中谈到母亲时写道"她对我的影响巨大，无与伦比"。

斯科洛多夫斯基家的经济状况也开始变得岌岌可危。1873 年，瓦拉迪斯瓦夫失业；没有收入，同时要花一大笔钱为妻子治病，之前还和妻弟一起冒险投资亏了许多钱，为了生计，瓦迪斯瓦夫·斯科洛多夫斯基不得不在家里开办了一所寄宿学校，有偿接收寄宿生，为他们提供生活保障和食宿，并监督他们的学习。随后的日子里，家里的公寓变得拥挤不堪。

高中毕业后的冬天，玛丽亚来到了叔叔兹齐斯瓦夫家，兹齐斯瓦夫曾参加过1863年的起义。回到波兰后，他在奥匈占领下的加利西亚小镇斯卡尔布梅日教授法律。兹齐斯瓦夫忙于将莎士比亚的诗句翻译成波兰语，几乎没有时间管理他的产业，而他的妻子，也是玛丽亚身边另一位"坚强的女人"，则接下了替他管理产业的工作。她把抚养孩子的责任留给家庭教师，自己则骑马在乡间奔走忙碌，抽雪茄，参加"男人之间"的政治讨论。

玛丽亚的父亲面对家中的接连变故无能为力，他没有听从周围人的建议，将玛丽亚送到乡下去——因为他害怕小女儿在乡下的环境中会心情抑郁，而是将玛丽亚送进了高中学习。或许他认为高中更为繁重的学习是疏解心结的最好方法。事实证明，父亲的盘算是正确的。玛丽亚没有在困境中倒下，她把对整个世界的反抗情绪（包括她不再相信的上帝）变成了"到达彼岸"的强大意志。

暂居乡村的一年

玛丽亚的童年应该是在一种稍为乐观的气氛中结束了。玛丽亚在高中时期收获了满满的奖项和表彰，并顺利毕业，16岁那年，她被送到乡下度过了整整一年的时间。这是因为自从高中的大门关闭之后，潜伏在玛丽亚内心的抑郁情绪终于以一种令人震惊的形式爆发了。家人称其为"神经紊乱"。居里夫人后来把这次崩溃归因于成长和家庭的束缚，这个家里所有的欢乐和幻想都在几年前通通消失了。瓦迪斯瓦夫·斯科洛多夫斯基深知这种情况，并相信"健康"疗法胜过一切，他认为女儿需要到户外呼吸新鲜空气，吃健康的食物，过一年自由自在的生活。于是他把女儿送到了乡下的她叔叔家。玛丽亚在给朋友卡齐亚的信中写道："我无法相信几何和代数的存在，把它们忘得一干二净……我们成群结队地在树林里散步，玩滚铁环，打羽毛球（我打得差极了），玩躲猫猫。"她还发现了一些不那么幼稚的

玛丽亚（下图）16岁的部分时光在叔叔家度过。在那里，她学会了跳玛祖卡舞，这种因肖邦而闻名的波兰民族舞蹈在俄罗斯地区被禁止。除了给朋友卡齐亚写信，玛丽亚还有一个日记本，她在日记里画了一只小狗兰塞特，这是她的兄弟姐妹们最喜爱的宠物（上页图）。

乐趣："上周六我又一次在狂欢节中尽兴而归……我想我从来没有这么开心过……我跳了一曲又一曲，跳华尔兹的时候，好多人排着队预定我做他们的舞伴。每当我走出舞池喘口气，男伴们就会站在门口等候。"居里夫人的女儿艾芙·居里选择了一个与母亲截然不同的职业方向，成为一名音乐家和舞蹈家，

艾芙·居里写道："多亏了她们的父亲，斯科洛多夫斯基家的孩子们一直得以在一种罕见的学术氛围中成长。"她又补充说："每个星期六，斯科洛多夫斯基先生都会和他的儿子以及三个女儿们一起度过一个文学之夜。他们围坐在热气腾腾的茶壶旁畅谈。老父亲要么背诵诗歌，要么为大家读书。他的孩子们则认真倾听，满心欢喜。这位文学老师的额头光秃秃的，一张短粗平静的脸上留着一撮长长的灰色胡子，他在语言方面极具天赋。从一个星期六到另一个星期六，昔日的文学杰作就这样来到了玛丽亚身边。"从前由妻子发起，因她的去世而中断的波兰语"家教"事业就这样由瓦迪斯瓦夫继续了下来。玛丽亚一直和这个努力使她的生活变得趣味横生又丰富多彩的父亲保持着密切的联系。

同一时期，玛丽亚还如饥似渴地阅读了一系列描述社会变化的著作。她读到奥若什科娃的小说《涅曼河畔》时不禁泪流满面。下页图是 1890 年瓦迪斯瓦夫·斯科洛多夫斯基和他的三个女儿拍摄的一张照片，三个女儿从左至右分别是海伦娜、布洛妮娅和玛丽亚。

她在为母亲撰写的传记中写道："多年后，看着她疲惫不堪、精力衰退的脸庞，我感谢命运，在指引这个女人走上这样一条清苦严峻的职业道路之前，赐给了她一个穿上金褐色皮鞋纵情欢乐的夜晚。"

迷茫的未来

1883 年夏末，玛丽亚回到华沙后，和她的两个姐姐布洛妮娅、海伦娜一同面临着未来去向的问题。她们可以选择马上结婚，这是她们那个社会阶层的年轻女孩最普遍的想法，但三姐妹根本没有考虑过这个选项。她们中没有一个有成为贤妻良母的条件。倒不是因为她们长相丑陋，或是粗俗不堪、不讨人喜欢，而仅仅是因为她们想从事一项职业，以便在经济上自给自足，而且最重要的是，结婚之后她们也不想放弃工作。

由此可见，她们确实遗传了母亲的性格，并且可以选择与母亲同样的职业道路：在女子学校或学院教书。这正是海伦娜的选择。而大女儿和小女儿则怀有其他的抱负——她们想接受高等教育。当时的她们面临无路可走的绝境，因为波兰的大学只录取男生。但还有一个选择：出国留学。圣彼得堡是最"自然而然"的目的地，但两个女孩更青睐巴黎，这是许多波兰人传统的迁居之地。然而，她们父亲的经济状况不能支撑这个遥远的梦想……除非她们能预先挣到足够的钱支付自己在国外学习的费用。从现在开始工作，挣钱，攒够钱就离开，这是当时怀有抱负的年轻波兰女孩所设想的未来。但是真正能实现这一梦想的女孩并不多。

玛丽亚回到华沙后开始和布洛妮娅一起打工赚钱。布洛妮娅在过去的三年里一直在教书，希望能拥有一笔积蓄。由于还没有确定自己想要从事什么样的职业，玛丽亚在回到华沙后的一年里一直在补习文化知识。她读了很多文学书籍，其中包括俄语、德语、法语，当然还有波兰语，以及各种类型的其他书籍：诗歌、小说、哲学、社会学，作为实证主义的追随者，她对社会学书籍尤为感兴趣。

波兰实证主义

实证主义是当时波兰知识界的主流思想；波兰式的实证主义更接近斯图尔特·密尔的主张，而不是其创始人奥古斯特·孔德的思想，比最初的实证主义思想更实用和务实。科学作为一种知识活动和应用的理论来源，在这一思潮中发挥了重要作用；在当时的波兰，人民在经历了接二连三的起义失败后，厌恶浪漫的英雄主义，他们视"科学"为希望，是他们"翻开崭新篇章"的途径。该运动的一位发言人写道："将对过去的看法建立在波兰陷落的基础上是一个严重的错误。将这个国家的消失视为人类历史上的中心事件没有任何科学依据。"相反，这些喜欢被称

COURS DE
PHILOSOPHIE POSITIVE
PAR M. AUGUSTE COMTE

和她们的许多同龄人一样，玛丽亚和布洛妮娅赞同波兰的实证主义理想。在 19 世纪末，波兰爱国者的形象从一个站在路障上的年轻人，变成了一个瘦弱的姑娘，她的披肩下还夹着一本厚厚的科学书。玛丽亚确信人民的教育是波兰解放的条件之一，于是注册加入了流动大学。这是一个向所有人开放的地下爱国组织，无论申请者有无高中毕业文凭。出于安全考虑，上课地点会不时更换（上图）。

为"乐观主义者"的实证主义者们认为，我们必须开始工作，为我们自己和全人类建设一个更美好的世界。实证主义运动的领袖之一——斯维托乔夫斯基写道："每天窝在陋室哀叹，梦想着能住上皇宫城堡，这样的行为无异于痴人说梦。整个社会必须改掉这种遇到一点点困难便呻吟的习惯，必须到任何可能的地方去工作。""工作，工作，工作"的口号开始流传开来。

流动大学

"乐观主义者"的论点在年轻女性中收获了巨大的成功，这些波兰女孩往往和她们的兄弟们一样接受过教育，对她们来说，科学似乎是进入职场和实现自身价值最正常的途径。因此，她们中的许多人都像布洛妮娅·斯克洛多夫斯卡一样，自然而然地生发了学医的想法。

流动大学是一个非法协会，二十多年来一直在公寓中授课，为近五千名学生授予了毕业文凭，玛丽·居里和她的姐姐便是其中的佼佼者。这个机构由一位女性领导人创建和领导，在某种程度上延续了在家里接受秘密

约翰·斯图尔特·密尔（1806—1873），英国哲学家和经济学家（下图为他去世那年，《名利场》杂志上刊登的他的漫画形象），提出了实证主义的功利主义思想。他认为道德建立在以普遍利益取代特殊利益的基础之上。对渴望改变世界的波兰青年来说，这一构想十分诱人。同时，他也是妇女权利的坚定捍卫者。

教育的传统。流动大学的教员都是因从事颠覆活动而被解职的大学教授；学生大部分都是女性，其中还包括一些"平民妇女"，其他受过较好教育的学生会向她们传授一些基本知识。

家庭教师生涯

很快，布洛妮娅和玛丽亚意识到，她们永远不可能攒够两人同时去巴黎的钱。玛丽亚做了一个布洛妮娅也接受的决定：由于还没有选择好自己想要工作的领域，她打算先去别人家里当一名家庭教师，而布洛妮娅则先去巴黎求学，一旦学成成为一名医生，她就把玛丽亚接过去，并帮助支付她的学习费用。

因此，玛丽亚来到一位农场主的家中成为一名家庭教师，这位农场主替一位亲王打理和经营着一片甜菜农场和一家制糖厂。就像她这一代的许多波兰年轻人一样，对玛丽亚·斯克洛多夫斯卡而言，"到人民中去"是她最关切的事情。得到了这位思想相当"自由开放"的农场主的许可，玛丽亚下班后会给附近的孩子们上课。这项工作对玛丽亚和她的雇主而言都存在着风险，她的雇主可能因同谋罪而被判服苦役；对玛丽亚而言，这则是一次痛苦的经历。她在给布洛妮娅的信中写道："我下定决心为人民工作，与人民一起工作，可我甚至没能教会村里的十几个孩子识字。更遑论让他们意识到自己是谁以及在社会中的作用了。"

一开始，玛丽亚对自己的命运还不算十分不满：她的"雇主们"很小心地不把她当作仆人对待，而她则努力去适应和遵从人们对她的期望。她在给表妹的信中写道："我在自己的言辞中能够感觉到我的处境强加给我的克制。"但很快事情就变坏了，正是因为玛丽亚没有安分克己。她不合时宜地爱上了雇主家里的儿子。他在华沙学习数学，后来成为一名大学教师，初夏时回到父母家度假。更糟糕的是，雇主的儿子也爱上了她，

雇用玛丽亚的农场主所经营的工厂位于什祖克基，一个在华沙以北约100公里处的地方。那里有一望无际的甜菜田，视线可及处只有几间住着农民的小屋（左图是玛丽亚写给姐姐布洛妮娅的信）。

两人甚至考虑结婚。这位农场主的自由主义在这里到达了极限：他断然否决了这项婚事。小伙子犹豫不决，而坠入爱河的玛丽亚在夏末到来之时，独自一人承受着这份刺痛和羞辱。她在给表妹的信中写道："我感觉自己完全无法有效地阅读，我在解代数和三角函数题时必须聚精会神，心不在焉就会犯错，就这样，这些数学题使我回到了正确的道路上……我对未来的计划？我没有，或者更确切地说，我的计划太过普通和简单，没有必要谈论它。那就是尽我所能应付当前的局面，如果有一天我无法再应对这一切，就是我和这个世界说再见的时候：我的离开并不会造成什么损失和伤害，我留下的遗憾也将十分短暂，一如其他许多人一样短暂。"

经过 18 个月的痛苦挣扎，玛丽亚做出了两个挽救自身的决定。这个追求者在父母"你不能娶一个家庭女教师"的劝说下犹豫不决，玛丽亚因此与他分了手。1889 年 3 月，她终止了与农场主的雇佣合同……农场主只有这一个要求。

如果将玛丽亚写给表妹的绝望声明当作一句戏言，那就大错特错了：在那一刻，未来的居里夫人真的感觉自己再也活不下去了。然而，她在什祖克基度过的岁月发挥了决定性作用：正是在那里，她发现了自己对数学的兴趣。

1886 年到 1889 年，玛丽亚作为家庭女教师住在家中（上页上图）。她爱上了这家的长子卡齐米耶兹·佐洛斯基（下图），但男方父母极力反对这段纯朴的感情，卡齐米耶兹无力反抗。"如果他们不愿意娶那些贫穷的女孩，就让他们见鬼去吧！没有人逼他们这样做。为什么要这样盛气凌人呢？"她在给姐姐海伦娜的信中如是写道，姐姐也刚刚经历了同样的屈辱。据说在 20 世纪 30 年代，人们看到一位老教授坐在华沙居里夫人的雕像前，怅然若失……

巴黎来信

就在这时，一封意想不到的信从巴黎寄来：布洛妮娅将与波兰医生卡齐米尔兹·德卢斯基结婚，她向玛丽亚提议为她提供一年的住宿，随后，这对夫妇将返回波兰永久定居。玛丽亚写道："巴黎曾经是我的梦想之地，我将那里当作自己的救赎，但很长一段时间以来，去那里的希望已经逐渐破灭。现在去巴黎的机会出现在了我面前，我不知道该怎么办……我的心中一片黑暗，如此的悲伤……太多的事情伤害了我，以至于我很难怀着愉快的心情写完这封信。"1891 年秋天，经过四年的等待，玛丽亚终于踏上了去往巴黎的火车。

很难知道这座首都城市给玛丽亚留下了什么印象。很可能没有留下任何印象。她来这里并不是为了来（两年前完工的）埃菲尔铁塔观光，而是为了学习，没有任何事能动摇她对这个目标的追求。布洛妮娅居住的公寓在巴黎北站附近，条件十分舒适，她的丈夫是一位因政治因素被禁止进入华沙的精英，他白天会在家中接诊病人，晚上则在家中接待部分移居巴黎的波兰移民。不久，玛丽（此后她开始以此为名）发现这

1892 年，玛丽·居里（照片左侧树的右边）与其他在巴黎求学的波兰学生合影留念，他们会定期聚会。由于历史原因（波兰和法国的皇室关系密切）和后来的政治原因（巴黎是 1789 年和 1848 年革命的中心），巴黎长期以来一直是波兰人的流亡之地。第一次流亡巴黎大浪潮要追溯到 1830 年，也就是那次起义失败之后。三千五百名波兰人从此在法国定居，主要集中在巴黎。其中最著名的有弗雷德里克·肖邦（1810—1849）和民族诗人亚当·密茨凯维奇（1798—1855）。20 世纪来巴黎的波兰人并非都是流亡至此，玛丽·居里便属于此列，尽管如此，他们的离开与国内的政治局势并非毫无关系。其中许多人都是学生，打算在完成所需的学业后便返回波兰。第二次移民潮发生的原因与第一次有所不同，1919 年，法国和独立的波兰签署了一项公约，当时引发了数十万波兰农民和工人前往法国矿区务工。

种安排不利于她的大学学业。于是，她搬进了拉丁区的一间女佣房，以便将所有的时间都花在学习上。从第一年开始，玛丽就从未缺过一次课，因为她深知与其他刚刚中学毕业进入大学的学生相比，自己存在学习水平上的差距。但还有很多艰难险阻在求学这条路上等待着她。

有一件事是肯定的：玛丽不太可能受同龄的法国女孩影响，进而丧失求学的本心，因为这样的前提是她必须先在大学里结识一些女孩，但她除了上课，其他时间都不会踏出自己的房间。1891—1892学年间，进入理学院的1825名学生中，只有23名是女性，其中一半以上是像玛丽这样的外国女孩。事实上，当时的法国社会并没有限制法国女孩上大学的权力，但是由于法国高中男校和女校的课程安排不同，尤其在理科课程上差异尤其巨大，导致这些法国的年轻女孩在高中毕业时普遍成绩不佳。

然而，有一个领域并没有令玛丽失望：科学。索邦大学当时正在重建。她的老师都是当时的杰出人物，其中包括加布里埃尔·李普曼，彩色摄影的发明者，1908年诺贝尔物理学奖得主；亨利·庞加莱更是法国科学界的荣耀。

与特别之人的相遇

1894年，玛丽在攻读数学学士学位时（在此之前她已经获得了物理学学士学位）遇到了皮埃尔·居里。为了赚取攻读第二个学位的费用，玛丽找了一份工作，测量各种钢的磁性能，以换取一份奖学金。其他人建议她去找皮埃尔·居里聊一聊，他关于磁学的论文已经让他在科学界声名鹊起。

玛丽在一个波兰同乡的家里第一次见到了皮埃

相遇仅一年之后，玛丽嫁给了皮埃尔·居里（下页图是结婚照，下方是玛丽写给一位女性友人的信，向其告知了自己结婚的消息）。斯科洛多夫斯基教授为了两人的婚事专门从华沙赶来。艾芙·居里写道，"婚礼没有公证人，因为新婚夫妇没有任何财产，所有之物仅两辆自行车而已"，这还是结婚时收到的礼物。

mes mariés avec M² Curie, professeur à l'École municipale de chimie et physique et physicien. Comme j'ai

尔·居里。经过一番对磁学的讨论之后，两个年轻人（皮埃尔 35 岁，玛丽 27 岁）发现彼此志趣相投，他们都致力于科学和人类的幸福。六个月后，皮埃尔写信给玛丽说："如果我们沉迷在我们的梦中，其中有你们的爱国梦想，我们的人道主义梦想和我们两人的科学梦想，彼此相伴度过一生，那将是何其幸事，我不敢相信。"用轻描淡写的语气提议二人可以在一起度过一生。

皮埃尔·居里是一个特别的人，玛丽很快就意识到了这一点。至于玛丽，她在世纪之交的巴黎知识界中也显得格格不入。正是由于共处边缘地位，他们二人间的相互理解得以快速建立。

1895 年夏天，玛丽发现自己对皮埃尔·居里的感情胜过了自己的政治信仰，于是决定放弃她只嫁给波兰人的诺言。至于皮埃尔，经历过一段不幸结束的爱情之后，他决定像牧师一样独自度过余生，但遇到玛丽之后，他就改变了这一想法。1895 年 7 月 26 日，两人在索镇市政厅举行了婚礼。

上页照片中为 1878 年，欧仁·居里博士与妻子克莱尔·德普伊利和他们的两个儿子雅克（左）和皮埃尔（右）在斯索的花园。他的孙女艾芙写道："欧仁·居里博士是 1848 年思想的追随者，素喜辩论。玛丽……见识到了法国人引以为豪的党派之争。"但在 1895 年，也就是皮埃尔和玛丽结婚的那一年，家庭辩论的主题不再是简单的"党派之争"，而是德雷福斯事件①。

①　德雷福斯事件，指在 19 世纪 90 年代的法国，犹太籍军官德雷福斯被诬陷并受到囚禁的事件，该事件使法国社会分裂为德雷福斯派与反德雷福斯派两个阵营，激起了广泛的社会讨论。——译者注

第二章
"我们的科学梦想"

1923 年，玛丽·居里谈及 1898 年发现放射性元素这一使她和她的丈夫皮埃尔荣誉加身的成就时这样说道："这一现象的研究对我们很有吸引力，尤其是这是一个全新的问题，没有任何书目可参考。我决定开始研究这个问题。"

皮埃尔·居里和玛丽·居里夫妇（上页图，1904 年）只拥有不到十年的共同生活时间，并一起实现这个梦想。皮埃尔在诺贝尔奖颁奖演讲中强调了两人十年间的亲密无间的合作，实验室的笔记本上，两人的笔迹相互交织在一起（上图）便是最好的证明。

1896 年 1 月 20 日，亨利·庞加莱向法国科学院介绍了威廉·康拉德·伦琴对 X 射线的发现。亨利·贝克勒尔（1852—1908，左图），巴黎自然历史博物馆教授，发光学专家，他一下子就对这个问题产生了兴趣，想探究磷光物质是否会发射 X 射线。正是在为此目的进行的实验中，他偶然发现了由一种铀盐发出的"铀射线"。

这张拍摄于 1896 年 3 月 1 日的照片（右图）显示出铀射线穿透了黑纸，但被一块马耳他十字形的铜板挡住。

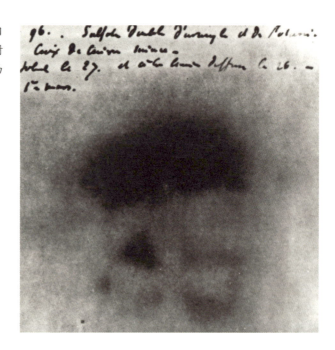

贝克勒尔的铀"射线"

　　1896 年 2 月，物理学家亨利·贝克勒尔将一些铀盐晶体随手放在了一张用黑纸包着的照相底片上，然后将底片锁在了一个抽屉里，几天后他惊讶地发现底片居然感光了，上面清晰印出了铀盐晶体的轮廓。这种现象不可能是光作用的结果，无论是直接作用在底板上，还是通过铀盐转化为磷光体的间接作用都不可能，所以贝克勒尔猜想应该是铀盐会发射"射线"。射线这个词当时很是流行，各种射线层出不穷：不可见射线（紫外线和红外线），阴极射线，1895 年德国物理学家伦琴发现的 X 射线，只有发现者才见过的 N 射线（后来被证明不存在）。时代的空气中充满了多少带些神秘色彩的"射线"。

　　因此，贝克勒尔自然地将这些在黑暗中使照相底片曝光的神秘射气命名为"射线"；由于这一现象涉及铀盐，于是他将这些射线称为"铀射线"。

　　1898 年，玛丽·居里对此产生兴趣时，这片领域并非一片空白。X 射线的发现催生了一个真正的工业，而铀射线引起的关注远远不如前者；但贝克勒尔的发现仍在法国内外的科学界引起了讨论。李普曼就对这个问题很感兴趣，而玛丽·居里当时正在他的

下图这张伦琴夫人的手的照片是第一批 X 光照片之一。1895 年 12 月 28 日，伦琴在柏林宣布："X 射线（我为这种神秘射线起的名字）能够穿过一块 15 毫米厚的铝箔……如果将手伸到荧光屏前，骨头会投下黑暗的阴影，而周围的组织则几乎不会显示。"

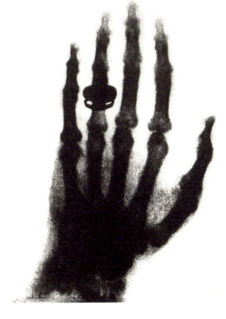

在左边的照片中，居里夫人右手操纵砝码，压缩压电石英而产生电荷，以补偿电离室中释放的电荷。补偿的准确性通过刻度尺上一个静止的光点验证。她的左手拿着一个秒表，用来测量充电时间。

实验室中工作。探测铀射线的技术在两年内得到了发展——静电计取代了照相底片的位置，标志着该领域"前景可观"。

居里静电计

这里轮到皮埃尔·居里上场了。铀射线和 X 射线一样，具有"电离"它们所穿过的空气的特性；这意味着它们能够从空气中的一个分子上撕下一个电子，而空气中的分子本来呈电中性，失去一个电子后便带上了一个电荷。利用这个电离电荷可以测量显示源功率，这一想法已经通过 X 射线得以实现。居里夫人设定了一个目标，要将这种构想应用于铀射线，从而用定量法取代照相探测的定性法。而皮埃

[1]

尔·居里正是测量微弱电荷方面的专家：1880 年，他和他的兄弟雅克一起开发了一套仪器，可以非常精确地测量这些电荷。

这一装置的中心部件是一个静电计（顾名思义，这是一个测量电的工具）；静电计与一个电离室相连，电离室用于收集由放置于中心的源样品发生空气电离所产生的电荷；收集到的电荷随后被引导到静电计中进行测量。任何测量都需要一个标准与被测量进行比较，例如要测量一个房间的宽度，则需要将它与"米"这个长度单位进行比较。为了使测量准确可靠，标准物必须具备可重复性和稳定性，并且易于操作。

皮埃尔和雅克·居里设计的装置中，电荷标准以一种全

"有一种非常特殊的化学，目前使用的测量工具是静电计，而不是天平，我们通常称之为不可称量的化学。"玛丽·居里指出。在这种化学中，物质的数量不依靠自身重量来衡量，而是用它发出的射线强度来衡量。当射线穿过电离室（图中编号 1 ）中的气体时，它们会感应出与所发射的射线强度成比例的电荷。由雅克·居里和皮埃尔·居里（下图）兄弟发明的居里静电计，又名"石英天平"（图中编号 2 ），便是一种测量这种电荷的工具。

2

新的方式产生。事实上，他们在 1880 年已经指出，压缩某些晶体会在晶体表面产生电荷；这就是如今司空见惯的压电现象（石英表）。皮埃尔·居里和雅克·居里发现这种现象可以用来制造标准电荷源：由于晶体表面产生的电荷与压缩晶体的重量成正比，因此这种电荷源完全可调。所以，只需调整压电产生的电荷，使其补偿电离室中释放的电荷，便可以测量出电离室中的电荷量。皮埃尔向玛丽介绍了这个静电计的工作原理，随后在皮埃尔的建议下，玛丽·居里用这个装置测定了贝克勒尔发现的射线的辐射强度。

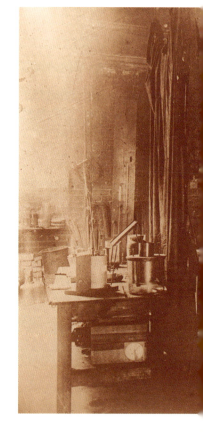

罗蒙街库房

玛丽·居里开始她的论文工作时没有任何做实验的空间，更不用说实验室了。更重要的是，与当时所有的研究人员一样，玛丽做实验的原材料大部分都依赖于工业家的捐赠，有时甚至不得不自掏腰包购买。玛丽·居里向她的丈夫寻求帮助，作为巴黎高等物理化工学院的讲师，皮埃尔希望能在学校里为她找到一点实验空间（他自己的研究室也仅是一条夹在楼梯和操控室之间的走廊）。学校给她分配了一个有玻璃屋顶的房间，这里冬天又冷又湿，夏

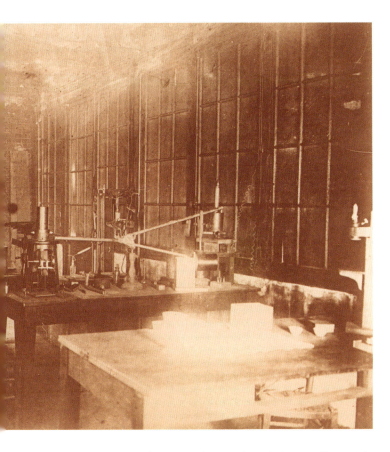

位于罗蒙街的巴黎高等物理化工学院库房外部视图（上页下图）和内部视图（左图），放射性就是在这里被发现。玛丽·居里在她的日记中写道："我们当时正全神贯注于一个全新的领域，这个领域因一个意想不到的发现而在我们面前敞开了大门。尽管工作条件非常艰苦，但我们依然感到非常高兴。我们每天都泡在实验室里。这个简陋异常的库房里一片宁静；有时，在监视某些操作时，我们会走来走去，同时谈论一些手头和将来的工作；冷的时候，围在炉子边喝上一杯热茶就足以让我们精神振奋。我们生活在一种无法描述的专注之中，就像在梦境中一样。"

天又酷热难当，玛丽先是一个人在那里工作，不久皮埃尔也加入了进来。

　　玛丽·居里进行的第一波测量足以使她确信，铀辐射是她所研究的化学混合物铀盐中所含"元素"——铀的一种特性，其辐射强度与铀盐中铀的含量成正比，与任何其他外部条件（如温度或光照）都无关。这里之所以借用了化学中"元素"这一术语，是因为当时一些著名的物理学家仍然对原子的真实性存疑：直到 1908 年，爱因斯坦于 1905 年写的一篇文章得到了让·佩兰测量数据的证实，"原子假说"一词才被弃用，原子终于获得了物质构成"最小单位"的地位。而电子曾经也一直只是一个未经证实的假说，直到1897年，英国物理学家约瑟夫·约翰·汤姆森才成功测量出了电子的电量。

玛丽·居里写道："然后，我开始研究（除了铀元素之外）是否还有其他元素同样具有放射性。"为了继续实验，玛丽·居里东拼西凑，四处筹措资金（多年后，她俨然已经成为一位资金筹措专家），将所有已知元素全部检查了一遍，最后得出结论，钍化合物也会发出类似于铀的射线。贝克勒尔射线不再仅限于铀射线。

决定性的假设

在这一阶段，玛丽·居里观察到了一个重要现象：将电离室中的铀盐或钍盐用这两种元素的矿石替代之后（"某种元素的矿石"指自然状态下含有该元素盐及其他物质的岩石），观察到的放射性比所预测的铀或钍含量应有的放射性要高。于是，她提出了一个使其日后声名大噪的假设：铀和钍矿石中含有少量另一种物质，这种物质所辐射的贝克勒尔射线比铀或钍要高得多。"这种物质不属于任何一种已知元素，因为所有已知元素都已经被检查过；那么这一定是一种新的化学元素。"

之前，皮埃尔·居里一直只是协助玛丽进行一些测量工作，在那之后，他决定立即放弃自己正在进行的工作，全身心地投入寻找未知元素的工作中。

放射性的发现

他们希望从沥青铀矿中提取出这种未知元素，这种沥青铀矿是一种位于波西米亚一家矿场的铀矿石（铀以铀盐的形式用来给瓷器和玻璃染上黄绿色），产自圣约阿希姆斯塔尔。在实验的早期阶段，居里夫妇只有几百克沥青铀矿，他们打算使用化学中常用的隔离法提取这些矿石中的新元素。原则上，通过适当的化学或物理处理，隔离法能够分离出一系列他们寻找的质量或浓度所占比例更大的元素。但他们对这种新元素一无所知，应该如何界定新元素浓度的增加呢？皮埃尔·居里和玛丽·居里想出了一个方法，用在这个过程中每个阶段所获化合物发出的贝克勒尔射线的强度作为新元素的浓度指数。如此一来，他们便发现了一种分离元素的新方法，这种方法后来被广泛应用。这种方法以自然物质的一种新特性为基础，波兰人玛丽为这一特性创造了一个新的法语单词：放射性。

随着放射性的发现，沥青铀矿这种矿石也变得广为人知（下图为靠自身"射线"辐射而拍摄的一张沥青铀矿照片）。

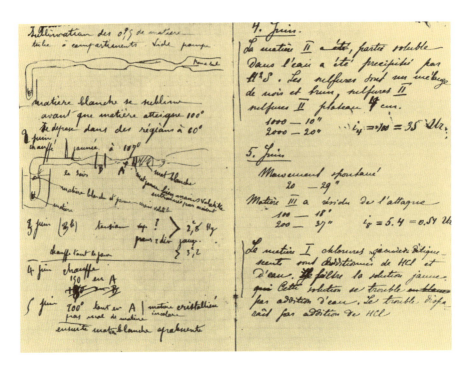

居里实验室的笔记分别记录在三本笔记本里。第一本于 1897 年由皮埃尔开始记录，里面有关于石英晶体的注释。第二本的日期开始于 1898 年，主要记录了镭和钋的发现，里面既有皮埃尔也有玛丽的笔迹，这证实了两人的合作，并使我们能够"看到"新元素发现的全过程。上图笔记的右页是玛丽亲笔记下的一个化学式；左页则是皮埃尔写下的笔记。

1898 年 7 月 13 日，亨利·贝克勒尔在法兰西科学院宣读了居里夫妇撰写的一份报告，报告中宣布了一种新元素的存在，为了纪念波兰和波兰人民，他们将这种新元素命名为钋（Polonium）。同年 12 月，居里夫妇宣布发现了第二种新元素镭（Radium）。

镭原子量的测定

在化学家眼中，一种元素只有在被分离出来，以纯净状态呈现，并确定了其原子量的情况下，才算正式证实了它的存在，才能在门捷列夫的元素周期表中占据一个格子的位置。皮埃尔·居里不想仅为满足化学家们的要求而投身于这项可以预见的十分漫长的工作。在他看来，钋和镭的存在毋庸置疑，他急切想完成的工作是找到放射性现象的解释。因此，提取纯镭（镭比钋更容易分离）的工作基本上由玛丽一人完成，她进行了大量工作才成功。首先，她需要大量的沥青铀矿。这使她不得不开始尝试获取资助，有了这次的锻炼，此后她慢慢精于此道。鉴于她和皮埃尔与维也纳大学的良好关系，维也纳大学帮他们与圣约阿希姆斯塔尔矿场的所有方——奥地利政府进行了交涉，同时也多亏了亨利·德·罗斯柴尔德男爵的慷慨捐赠（这是后续一系列捐赠中的首笔资助），玛丽成功获得了十吨沥青铀矿。她把这些沥青铀矿堆放在院子里，形成了一道隔开提纯间和电气测量间的墙。实验室里的硬件条件很差：没有暖气，也没有排出有害蒸气的通风罩，以至于在天气允许的情况下，许多化学反应不得不在院子里进行，如果在室内进行的话，所有窗户都要打开。

除了工作条件严酷之外，随着接触物质的放射性越来越强，辐射对人体的伤害也越来越大，玛丽·居里当时可能并没有意识到这种危险，但我们现在知道这种辐射对身体的伤害相当大。研究工作并未停滞：镭具有意想不到的美感，比如它在黑暗中会发出美妙的彩色光芒。玛丽这样描述了她和皮埃尔的喜悦心情："我们好不容易提纯出的珍贵产物毫无

安德烈·德比埃尔内（1874—1949，下图）是一位年轻的化学教授，在索邦大学领导一个实验室的工作，他对居里夫妇的工作很感兴趣，经常前来拜访。1899年，德比埃尔内发现了锕元素。皮埃尔去世后，他成为玛丽·居里的主要合作伙伴和最忠实的朋友。如果没有德比埃尔内的帮助，玛丽·居里很可能无法继承皮埃尔在校内的教学职务。左图是一张1902年写的有关于放射性笔记的硬纸卡片，上半部是皮埃尔的笔迹，下方是玛丽·居里的笔迹。

4	IV	K 19 39.096	Ca 20 40.00	Sc 21 45.10
	V	Cu 29 63.57	Zn 30 65.38	Ga 31 69.72
5	VI	Rb 37 85.48	Sr 38 87.63	Y 39 88.92
	VII	Ag 47 107.68	Cd 48 112.76	In 49 114.76
6	VIII	Cs 55 132.91	Ba 56 137.36	La 57 138.82
	IX	Au 79 197.2	Hg 80 200.01	Tl 81 204.39
7	X	— Ra 88 226.05	Ac 89 227	

1869 年，俄国化学家迪米特里·伊万诺维奇·门捷列夫（1834—1907）着手按原子量递增的顺序对化学元素进行了分类。他发现，原子量相隔 8 的元素具有相似的化学性质，例如原子量为 19 的钾（K）和原子量为 27 的铷（Rb）。通过将性质相似的元素列入同一列，他得到了一个表格——门捷列夫元素周期表（左图）。镭元素（Ra）和锕元素（Ac）位于周期表的右下方。

右图：1922 年在黑暗中拍摄的一个装有 2.7 克溴化镭的小坩埚的照片，证明了镭的强大发光能力。

遮挡地摆在一堆桌子和木板上；从四面八方都能看到它们微微发光的轮廓，这些似乎悬浮在黑暗中的微光，令我们无比激动和喜悦，这种感觉历久弥新。"历经三年清苦的提纯工作，玛丽（皮埃尔协助其进行了辐射测量工作）终于在 1902 年 7 月宣布，她成功从 10 吨沥青铀矿中提炼了 0.1 克镭！

这些"射线"分为三种：其中的 α 和 β 射线由携带相反电荷的粒子组成，因此，在磁场的作用下向相反的方向偏移；而 γ 射线不发生任何偏移，因为它由光粒子组成（下图）。左图是 1899 年玛丽·居里在自己位于罗蒙街的实验室中。

辐射来源之谜

提取镭的工作并没有让玛丽忘记困扰皮埃尔的那个问题：放射性物质的能量从何而来？事实上，放射性辐射所携带的能量似乎是源源不断的：射线的发射呈自发性，发射体看起来也完好无损。早在 1902 年，玛丽·居里就指出，放射性是一种"原子"性质。但直到 1928 年，这个谜团才得到了合理的解释；对这一问题的研究分为两个阶段，由欧内斯特·卢瑟福和乔治·伽莫夫分别完成。

　　1899 年 1 月，在剑桥和加拿大工作的新西兰物理学家欧内斯特·卢瑟福分析了放射性辐射，并表明其中至少包括两种类型的辐射，他说："一种辐射很容易被吸收，为了方便起见，将它称为 α 辐射。"1902 年，卢瑟福证明，α辐射由失去两个电子的氦原子流组成（因此，它们是带正电荷的物质粒子），而"另一种辐射更具穿透力，称为 β

辐射"。贝克勒尔后来确定，β 辐射仍是一股物质粒子流，但这次其中的粒子是电子。1900 年，第三种放射性辐射 γ 辐射被发现。γ 辐射是一种电磁辐射，与可见光和 X 射线同属"非物质"类型，但它的波长比 X 射线短得多，因此具有更强的穿透力（穿透物质的能力与波长成反比）。

"射气的物质性"

　　放射性的谜团非但没有消失，反而变得更加神秘了。因为如果我们认定一个物体以光的形式发射

欧内斯特·卢瑟福（1871—1937，上图）是嬗变理论的提出者。嬗变理论认为，在放射性辐射过程中，起始元素的一部分会"转化"为另一种元素。例如，镭通过发射 α 射线变成氡（在上图中表示为 EMAN），氡随后又转化为 RAD.A。玛丽·居里不喜欢"嬗变"这种叫法，感觉这个词带有炼金术的色彩。

能量（γ射线），就很难接受一种化学元素能够发射出物质粒子（电子和失去两个电子的氦原子）。皮埃尔·居里一直不接受"射气具有物质性"的说法，直到1904年才认可了卢瑟福的观点。玛丽则认为"放射性的物质理论将我们引入了歧途"。与之相反，这种物质性理论似乎并没有困扰年轻的爱因斯坦，1905年，他以这样一句话结束了一篇非常简短的论文，正是在这篇论文中，他阐述了 $E=mc^2$ 的关系式："不排除用能量含量变化很大的物体（例如镭盐）来验证 $E=mc^2$ 理论的可能性。"其实，如果我们认为物质和能量等价，就不应该反对射气物质性的理论，一个物体发射出物质就如同失去了能量一样。

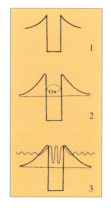

最终解释

这种使皮埃尔·居里困惑不已的物质性辐射理论，涉及原子的一个组成部分——原子核，这个部分在1900年时还并未被确认，直到1911年才由卢瑟福证明，原子中的正电荷都集中在一个非常小的原子核内。这个原子核由"核子"，中性粒子（中子）或正粒子（质子）组成。核子在原子核内彼此紧紧地"粘

一个 α 粒子（失去两个电子的氦原子核）被所谓的核子力聚拢在原子核中，阻止它离开原子核。原子力在左上图中用井形（1）表示。在经典物理学中，原子核中的 α 粒子被认为是一个困在井中的小球（2），它不具备足够的能量从井中出来：小球接连撞击井壁，在墙间来回弹跳。但在原子内部，经典物理定律不再适用，而应让位于量子物理。量子"物体"的一个特别之处在于，它们不固定位于一个点，而是"扩散"在一片区域，如底部缩略图（3）上的波浪线所示。一个量子物体虽然大部分位于井内，但部分也会"溢出"井外。当我们将研究物扩大为大量量子物体时，这个"部分"便可以解释为其中的一小部分量子物体"离开"了井的束缚。伽莫夫（1904—1968，左下图）便是通过这种特定的量子机制来解释 α 辐射的。

1900 年 10 月，玛丽·居里被任命为赛福尔女子高等师范学校的物理讲师。她是在这所学校任教的第一批女教师。这所学校通过考试选拔有志成为中学教师的女学生，培养她们获取女子教师资格。在赛福尔教书表明了玛丽·居里将女子教育发展到更高水平的愿望。上图是 1904 年，玛丽·居里在赛福尔女高学生们的簇拥下，于学校台阶上留下的一张照片。

在一起。如果它们是"真正的粒子"，那它们就不可能逃离原子核，因为彼此之间"胶水"的黏性太过强大。但它们不是"真粒子"，而是"量子粒子"。经过 1905—1927 年间的谨慎衡量后，物理学家们得出了结论，量子世界（原子内部的微观世界）中的定律与支配宏观世界的定律是不同的。特别是在给定的时间内，一个核子（或一组核子，即一个 α 粒子）从原子核中逸出的概率不为零。那么在一克含有大量原子核的铀中，必将有一些原子核失去一个 α 粒子（我们因此称之为衰变），而另一些原子核则保持完整。这就是 1928 年乔治·伽莫夫用全新的量子理论做出的论证。通过计算 α 粒子从铀原子核中逸出的概率，他确定了放射性现象的概率性质。

1897 年 9 月 12 日，玛丽·居里生下了女儿伊雷娜（上页图是 1901 年伊雷娜与父亲的合影），1904 年 12 月 6 日，次女艾芙出生（左图，姐妹俩 1905 年与母亲的合影，下页上图为 1908 年姐妹俩合影）。不久后，居里夫妇搬到了凯勒曼大道蒙苏里公园附近的一所小房子里，与他们的朋友佩兰一家为邻（下页下图）。欧仁·居里医生在妻子去世后也搬来和他们一起居住。生产后的玛丽很快回到了实验室工作，为她的论文做准备，照顾小伊雷娜的工作则由爷爷（045 页图，1903 年摄）承担。艾芙写道："（皮埃尔去世后）居里医生的出现，对玛丽而言是一种安慰，也给她的两个女儿带来了很多快乐。要是没有那个拥有一双湛蓝眼睛的老人，她们的童年或许会被早早地扼杀在失去父亲的悲痛之中。母亲一直待在实验室里，总是不在家，她们耳边听到最多的词就是实验室，而爷爷是她们的玩伴，她们的老师……他是大女儿无可替代的朋友。玛丽的大女儿性情迟缓又怯懦，和他逝去的儿子是如此相似……爷爷对她精神生活上的引导则是一种巨大的抚慰。"

由于还要教课，皮埃尔·居里和玛丽·居里没能出席1903年12月10日在斯德哥尔摩举行的诺贝尔奖颁奖典礼（右图为诺贝尔奖证书）。但皮埃尔答应稍后前去发表获奖演说，并最终于1905年成行。玛丽是第一位获得诺贝尔奖的女性，但并没有被邀请在这一天发表讲话。

诺贝尔奖带来的困扰

　　1903年，亨利·贝克勒尔与居里夫妇，因发现天然放射性共同获得了这一年的诺贝尔物理学奖。诺贝尔奖的授予成为居里夫妇生活的分水岭。一方面，奖金来得正当其时。另一方面，他们不得不忍受记者的侵扰所造成的不便，玛丽以她有工作为由拒绝接受采访，而皮埃尔只给记者十五分钟采访时间，而且拿着手表计时，只以"是"或"不是"回答记者的提问。夫妻二人的这种态度令媒体大为震惊。这种尖刻行为非但没有把这群人赶走，反而将神秘的放射性和居里夫妇推上

了风口浪尖，有关他们的讨论更加沸沸扬扬。此外，皮埃尔和玛丽也开始感受到了因前几年过度劳累对身体产生的影响；这几年他们一直在超负荷工作。皮埃尔长期感到手臂和背部的剧烈疼痛，在被诊断为神经衰弱之前，一直被误认为是风湿病。事实上，这是过去六年长期遭受辐射的后果；皮埃尔（和贝克勒尔一样）皮肤遭受了烧伤，主要在手指，而且一直没有真正愈合。为了休养身体，皮埃尔和玛丽当年在谢弗勒兹山谷租了一所

诺贝尔奖虽然给居里夫妇带来了极大不便，但也不是全无好处：1905年，夫妇二人得以搬进居维叶街一个更大的实验室中（下图是皮埃尔和玛丽在新实验室里拍摄的照片）。1903年的《星期日报》上写道："这对物理实验室里的伉俪可谓前无古人。"

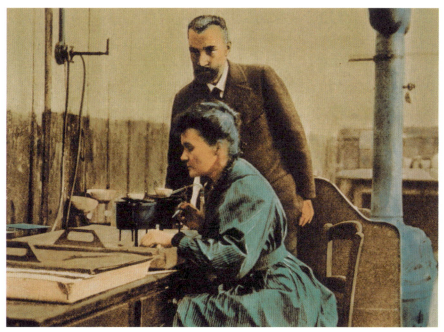

GIQUE DE M. CURIE

房子，乘坐铁路"索城线"，一个小时就能到达巴黎和他们在居维叶街的新实验室。至少在那里他们可以安静地生活。皮埃尔甚至梦想着在乡下建立一个现代化的实验室……

皮埃尔去世

这一时期因一场突如其来的意外画上了悲惨的句号：1906 年 4 月 19 日，皮埃尔在巴黎市中心多芬路被一辆马车撞倒，当场死亡。玛丽陷入了巨大的痛苦中。

但很快她就振作起来，接管了皮埃尔在居维叶街的实验室。皮埃尔在获得诺贝尔奖后被索邦大学聘用，玛丽也接替了他在大学的教学工作。随后，她开始实现丈夫的梦想——在乡下建立一个现代化的实验室。1919 年，皮埃尔去世 13 年后，玛丽凭借顽强的意志，克服了重重困难，终于将丈夫的梦想变为了现实。

与此同时，获得诺贝尔奖后，玛丽在没有皮埃尔帮助的情况下继续独自进行研究。她是否想向世人证明，她不仅仅是皮埃尔的助手？就连她自己的一名学生欧仁妮·科顿也这样猜测。因为当时许多人都认为，她独自一人根本不能有任何发现。在这段时间里，她必须独自一人工作以证明自己的能力。她的行事作风有些生硬粗鲁，面对权威科学家也丝毫不为所动。比如，她断然驳斥了英国最杰出的化学家之一威廉·拉姆齐爵士从铜中生产锂的构想。她的一位美国同事评价说："我很欣赏她在关于'铜锂'问题的论文中总结问题的方式；清楚明白地向读者表明她在这件事上的立场。"

正是在这一时期，玛丽·居里在科学界的声誉上升到了国际高度。1911 年索尔维会议上拍摄的那张著名照片就证明了这一点：照片中她是唯一的女性，身边都是当时最著名的物理学家，庞加莱、爱因斯坦、洛伦兹、卢瑟福等。

1910 年 11 月 16 日，《费加罗报》向读者透露，玛丽·居里正在考虑向法国科学院提交院士申请。这一消息立即被新闻界争相报道，并引起了激烈的争论，其中一些指控包含着浓浓的厌女情绪。《精益求精》杂志 1911 年 1 月 23 日一期（上图）的标题是："一个女人会进入科学院吗？"与玛丽同为候选人的布朗利笃信天主教，两人之间的竞争继德雷福斯事件后又一次引起了法国社会的大讨论，再次将法国社会的意见分裂为了共和派和教权派。投票日当天，《法兰西行动》打出了"德雷福斯对布朗利"的标语。

仍是 1911 年，玛丽·居里获得了第二个诺贝尔奖（这极为罕见），这次是化学奖，表彰她精确测定了镭的原子量，并（与她终生的合作伙伴安德烈·德比埃尔内）共同提炼出了金属镭。但 1911 年也爆出了一件"丑闻"，致使玛丽在之后的好几年间崩溃不已：媒体风闻了她和保罗·朗之万之间的恋情，并得知这段恋情已经持续了一段时间，便开始

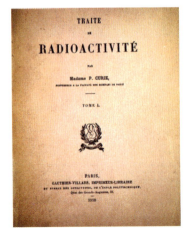

索尔维会议是一项在布鲁塞尔举行的科学会议，由比利时化学家和实业家欧内斯特·索尔维创立并资助举办，索尔维发明了一种新的苏打制造工艺，并以此发家致富。索尔维会议将当时最伟大的科学家们会集一堂，为量子理论的发展发挥了重要作用。在1911年第一届索尔维大会上拍摄的照片中（跨页图），玛丽·居里坐在亨利·庞加莱和让·佩兰中间，长期以来她一直是唯一一位被邀请参会的女性。右侧站立的是朗之万和爱因斯坦。

大肆指责她这个外国女人摧毁了一个法国家庭。这一丑闻的影响一直蔓延到了科学院，1911年1月23日，法国科学院以一票之差推选了玛丽的竞争对手爱德华·布朗利为院士。当然，布朗利当选为院士也实至名归（他是无线电报的发明者），但他显然受益于媒体对"朗之万事件"的大肆宣传，以及由此引发的保守派（他得到了天主教游说团的支持）和进步派之间的对立。玛丽·居里被迫改名换姓离开巴黎，陷入了人生的低谷，直到多年之后，她才从这次打击后的压抑情绪中走出来。

第三章
"我的"实验室

皮埃尔·居里去世之际，医学生物学家克洛迪斯·勒戈有一种直觉，放射性现象将会发展为一种科学治疗技术。很快，放射疗法就成为抗击癌症的撒手锏。玛丽·居里依照皮埃尔的愿望，在战争结束时成功建立了半工业化实验室，也因此开辟了一个新的研究领域，成为当时抗癌设备研发的一个重要阵地。

———

玛丽·居里把她生命的最后二十年时光全部奉献给了她在镭学研究所的实验室（上页照片摄于1921年）。无论是研究、招聘还是资金筹措，实验室的各项工作她都事必躬亲。上图是1930年卫生部发布的抗癌海报。

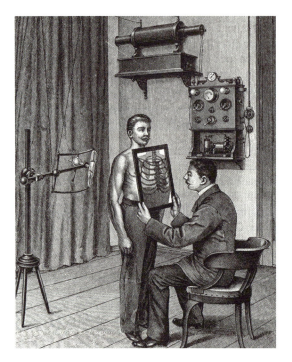

20世纪初，法国爆发了一场争论：放射学的实践是否属于医学范畴？由于没有任何监管措施，私人X光照相馆遍地开花（左图），无论摄影师还是工程师，每个人都认为自己具有放射性光片的从业资格。1900年，安托万·贝克莱尔医生（1856—1939）自费在特农医院建立了第一个医学性X光实验室，并发起了一场运动，要求将巴黎几家医院开设的X光拍摄工作统一交由专业的医生操作。

不明原因的烧伤和不适

皮埃尔·居里因车祸意外身亡，这一点毋庸置疑。但以我们如今所获得的知识分析，根据皮埃尔生前所表现的疾病症状，即使没有遭遇车祸，他的寿命可能也不会太长。皮埃尔·居里当时全身虚弱（他将其归因于过度劳累），皮肤上的烧伤久久无法愈合，背部剧烈疼痛。

第一次对放射性敲响警钟的人是贝克勒尔（但没有被重视）。1901年，皮埃尔·居里送给贝克勒尔一个装有镭盐的小瓶子，让他带到伦敦的一场会议上使用。将瓶子放在口袋里六个小时后，贝克勒尔发现自己被烧伤了，这显然是与装有镭盐瓶子接触所致。听闻此事后，皮埃尔毫不犹豫地复制了这个"实验"，他把瓶子放在自己手臂上长达十个小时。随后，基于这两个"实验"撰写的联合报告以"镭射线的生理作用"为题，被提交到了法国科学院。皮埃尔将镭盐样本转交给巴斯德研究所的同事和圣路易医院皮肤科进行实验，继续进行对这一问题的科学调查。

从 X 射线到"放射性"射线

世界各地有关 X 射线的实践经验表明，"镭射线"可能对人体产生生理影响，尤其可能造成皮肤病变。事实上，γ 射线属于一种放射性辐射（还包括 α 和 β 射线），本质上是一种电磁波

X 射线很快被用来做体检，也因其对肌肉组织的破坏作用而被用于皮肤病的治疗。1899 年以来，镭辐射也被应用于治疗领域，先是在动物身上实验（上图），随后镭射线便被应用于人体治疗。皮埃尔·居里（左图这张照片摄于 1906 年遭遇意外前不久）出身于医生家庭，因此十分理解这项工作的价值，但他却没有意识到这种比 X 射线更具穿透性的辐射对身体造成的危害。

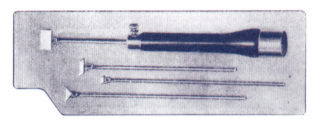

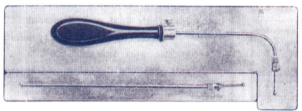

左图是镭疗法使用的医疗设备。镭最初以粉末的形式使用。1908年左右，镭粉被氡气替代。氡气使用起来更加方便，也更容易大量生产。用氡气制成的放射性溶液被推荐用于治疗多种疾病，既可以口服（下图），也可以体外浸泡：下页中间的图片是当时一个镭泉的广告，氡气通过一个橡胶管流入洗澡水中。女病人下巴以下全都浸泡在这种放射性药水里长达一刻钟的时间。

（也就是说，从广义上讲 γ 射线是一种"光"），和 X 射线具有相同的本质属性。因此，人们预测，放射性射线可能具备与 X 射线一样的用途。众所周知，将 X 射线拍摄的照片放在明亮的背景之上，可以清晰显示出黑色的骨骼（或坚硬的异物）。这是一种阴影现象：X 射线能够穿透软组织（肌肉）而不被吸收，却会被骨骼阻挡。X 射线的这种用途并不能扩展到 γ 射线上。因为 γ 射线的波长更短，携带的能量比 X 射线更大，所以它能同时穿过肌肉和骨骼，这样一来，就无法产生如 X 射线般肌肉和骨骼明暗对比的效果。在当时，X 射线还有另一种治疗性用途：它所携带的能量足以炭化人体组织，从而达到破坏有害组织的作用。

当时，在圣路易医院工作的亨利·丹洛推测，如果用 γ 射线代替 X 射线，烧灼的威力应该可以增加十倍。他利用居里夫妇提供的辐射源治疗红斑狼疮和赘疣等皮肤病。在那个组织学知识尚且无法确定癌症肿瘤形成机制的时代，从用 γ 射线去除有害组织，到去除癌症肿瘤，只剩下最后一步，即实验尝试。

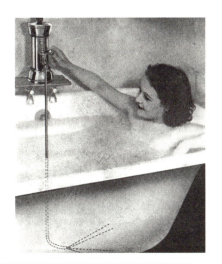

PLOMBIÈRES·les·BAINS (Vosges)
EAUX HYPERTHERMALES (74°) TRÈS RADIO·ACTIVES
ESTOMAC · INTESTIN · RHUMATISME
MALADIES DES FEMMES · MALADIES NERVEUSES

镭、氡

20 世纪初，医疗用镭被放置在细针中，细针被装在密封的玻璃管里（就像贝克勒尔去伦敦时所做的那样）携带运输。使用时，用细针将镭涂在需要治疗的地方。这种形式的镭既稀少又昂贵。

1908 年，德比埃尔内发现了氡元素，使得医疗技术向前迈出了一大步。氡是镭衰变的产物之一，它本身也具有放射性（因此也具有"疗效"）；在正常使用条件下，氡以气体形式存在（长期以来被称为"镭射气"）。氡气可被装在安瓿中，便于携带和使用；也可以将其溶解在液体（如水）中，制成"放射性溶液"。

在温泉水中发现了氡元素对温泉小镇来说是一个大大的好消息。一些欧洲的度假胜地，如比利时的斯帕小镇，法国的薇姿和普隆比埃莱班小镇，认为自家温泉水中的氡含量太低，为了吸引顾客，不惜人为将水"放射性化"，使其富含氡元素！（上图）这种做法直到第二次世界大战结束才消失。

继诺贝尔奖之后，氡的发现又一次激起了媒体对放射性的极大关注。必须承认，放射性现象确实给众人留下了极大的想象空间：镭被两个局外人在一个简陋的库房中发现，而且其中一个还是女人。在那个简陋的实验室里，成吨的廉价矿石被转化为极其微量却比黄金还宝贵的新元素，镭实在引人遐想……于是，这种幻想不可避免地被一些狡猾的骗子利用，他们打着科学的旗号，贩卖一些假冒伪劣产品，并以此大肆敛财。

现在，我们回看这些温泉疗法难免不寒而栗，无知的病人，还有一些赶时髦的健康人，被骗到这些宣称水中富含氡元素的疗养胜地进行治疗（万幸实际水中并不一定含有氡，反而没对人体健康造成太大伤害）。想到进行放射性研究的先驱们当时在没有任何防护的情况下，与真正具有放射性的物质日复一日地接触，我们心中不禁生起一股敬佩之情。

研究和工业化

皮埃尔和玛丽·居里很早就认识到，他们的研究想要进一步突破，必然要与工业世界关联。1899 年，玛丽·居里需要巨量的矿石来支撑她提炼镭的工作，而她当时所在的李普曼实验室无法提供这些矿石，她自己更是一贫如洗，根本不可能自费购买。于是，居里夫妇与一家化学公司签订了一份几乎未落到书面的合同：该公司向主管方（圣约阿希姆斯塔尔矿场的经营方）购买玛丽工作所需的矿石，支付居里夫妇工作所需的一切费用，甚至向居里夫妇支付"版税"，作为交换，玛丽生产出的镭盐必须交由该公司运作。但到了 1904 年，为了支持维也纳大学的研究，奥地利政府禁止所有沥青铀矿的出口，情况急转直下。

就在这时，一位精明而大胆的实业家埃米尔·阿尔梅·德利尔出现了，他就像吕利歌剧中那股扭转乾坤的力量，向居里夫妇伸出了援手。阿尔梅·德利尔经过化学专业的学习后，准备接管位于马恩河畔诺让的

镭变成了现代性的代名词，成为人们既恐慌又迷恋的对象。儒勒·凡尔纳的模仿者保罗·迪瓦（1856—1915）将他的系列作品《古怪之旅》（右图）中的一章命名为《寻镭之旅》（1909年）。小说预示着现实，随后一章的题目就是《杀人的镭》。

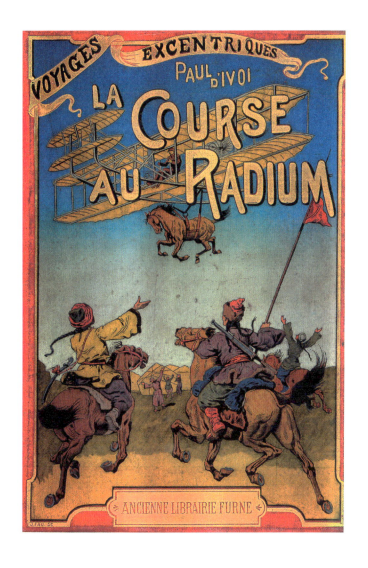

家族奎宁制造厂。他对居里夫妇的工作非常感兴趣，决定在继续奎宁生产的同时，为法国镭工业奠定基础。皮埃尔·居里有一位才华横溢又家境富裕的学生雅克·丹讷，在他的帮助下，德利尔发起了一场我们现在称为提高公众认识的运动，巧妙地利用媒体，围绕居里夫妇获得诺贝尔奖一事进行了一番炒作。他们二人一起创办了一份名为《镭》的科普报纸，邀请读者向编辑报告他们周围任何看起来像铀矿石的东西。

在这场运动的影响下，法国矿业部也动员起来，在法国和各个殖民地进行了系统调研，最终，只在马达加斯加发现了一个不能开采利用的钙铀云母（另一种含铀矿物）矿床。

与此同时，阿尔梅·德利尔与皮埃尔·居里、玛丽·居里一直保持着合作关系，从1906年起，只剩下玛丽·居里一人与他对接。他会征求玛丽的意见，并为居里实验室的年轻研究人员提供就业机会。此外，他还为自己的工厂开拓了所需的市场。利用自己与医学界的接触（多亏了奎宁），他向少数尝试"镭放射疗法"的医生推销自己工厂的产品；他会将运输放射性物质的设备借给医生，此举令不喜欢这些"现代"推销方式的医院管理层感到非常不快。阿尔梅·德利尔的动作不仅限于医疗领域，他也利用自身的宣传帮助了很多农业工程师。1904年开始，他开办了一家镭衍生品制造厂和一家营销公司——镭银行；1910年，他又开了一家专门生产化肥的新工厂。

皮埃尔·居里如果看到围绕镭衍生出种类如此繁杂的工厂会作何感想，我们不得而知。我们知道的是，早在1909年，玛丽·居里就觉得有

1904年，实业家阿尔梅·德利尔在马恩河畔的诺让镇创建了法国第一家镭工厂（上页图中是用于处理矿石的大桶，下图为工厂全貌）。所制备的镭主要用于医疗。

必要在她与实业家们的关系中建立一些规则。雅克·丹讷是皮埃尔之前的学生，但他毕业之后一直占据着实验室助手的职位，因此，居里夫人解除了丹讷的助手职务，对他说："我需要一个全职助手，而工厂和报社的工作使您无法全身心地投入助手的工作中，放弃这一职位不会对您造成任何不利影响。"居里夫人的话说得清楚明白，无可指摘。丹讷接受了这一安排，并于1907年和他的兄弟合作，在他们位于巴黎南郊的家族庄园里成立了一个私人实验室。1913年，埃米尔·阿

作为对他们协助的回报，阿尔梅·德利尔在毗邻工厂的位置为居里夫妇开办了一间实验室。学生们在这间实验室里制备他们研究所需的镭（下图是居里夫妇使用过的装置）。

埃米尔·阿尔梅·德利尔（1853—1926，右图）最关心的问题之一就是在本国领土上找到铀矿石（镭是铀衰变的产物）。遗憾的是，1905 年，在欧坦（Autun）附近的圣桑福里恩德马尔曼发现的钙铀云母矿床（因此该矿得名 autunite）无法开采。

尔梅·德利尔想要开办一家国际化的镭产品公司——通用镭生产公司。为了保持自身的独立性，玛丽·居里拒绝了他的合作邀请。

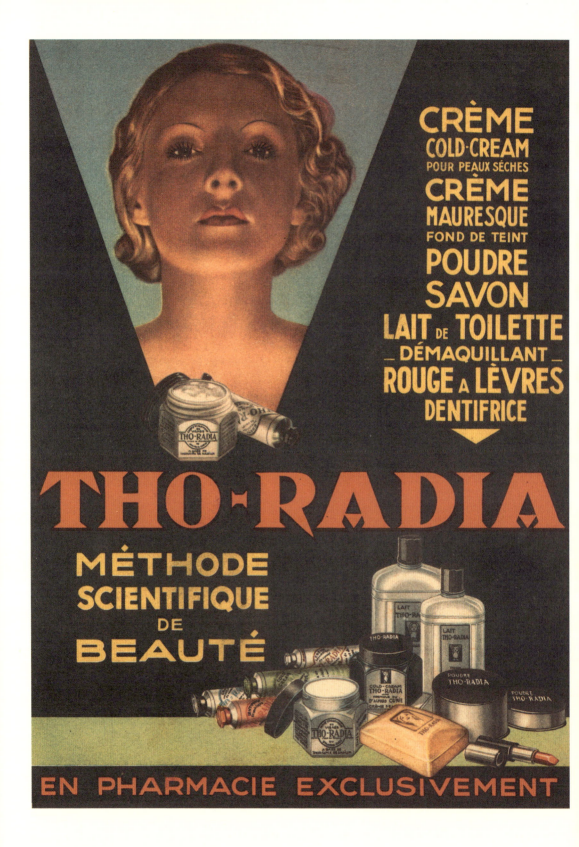

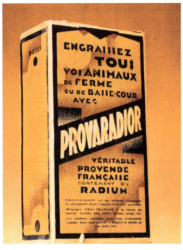

1920 年至 1930 年间，镭有着诸多头衔，风靡一时。从法国到国外，市场上充斥着大量镭产品的广告（上页和本页图）。这些广告在没有任何科学依据的情况下，将镭宣扬为一种万能产品，上至医治肺结核，下到除皱纹，镭简直无所不能。商家甚至还向消费者承诺，镭能为人体补充能量，提高性能力，改善生育能力，令人永葆青春……人们会喝加了氡元素的茶，往面霜、口红、乳液、食物和肥料中加入钍盐或镭盐。为了给自家产品提供科学支撑，一些制造商甚至厚颜无耻地假借居里夫人的名头，她的愤怒可想而知，但她对此也无能为力。尽管早在 20 世纪 20 年代，镭的有害影响就已经为医学界所熟知，但还是直到广岛事件之后，大众才停止了这种集体的疯狂行为。

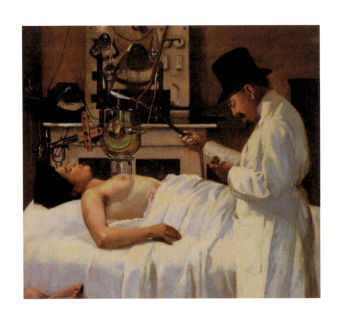

在这幅 1908 年的画中（左图），放射科医生乔治·奇科托身穿白大褂，头戴高礼帽，正在他的办公室里用 X 射线治疗癌症。他使用的产生 X 射线的机器极其笨重，且无法移动。而放射性辐射的设备操作起来则轻松许多。呈粉末状的放射性物质可以用"针"携带，如果是呈气态的氡气，可以用玻璃安瓿瓶携带。

一种新的癌症治疗方法：放射疗法

　　几年之后，大学研究 + 工业销售这种不寻常的联盟变成了三方合作，另一个合作伙伴医学也加入进来，一个世纪后这种医院、实验室、工厂三位一体的结构在当时已初见雏形。

　　1906 年，在一个生物学实验室里进行了第一轮系统性实验，从科学上验证了镭在癌症治疗中的有效性，此举改变了镭的未来。克洛迪斯·勒戈虽然受过医生的训练，但他专攻组织学（研究生物体中的组织和细胞的科学），他希望通过在临床研究中引入生理学和化学的方法，将这一学科从描述性阶段推进到科学性阶段。在对显微镜观察技术进行了一番革新之后，勒戈对哺乳动物的精子形成进行了详细的研究。1904—1905年间，他了解到，德国正在进行X射线对兔子绝育作用的研究。受此启发，他模糊地预感到哺乳动物精子产生和癌症肿瘤中的"不和谐的细胞发育"之间可能存在类比性。为了验证这一预感，他进行了大量研究，终于在1906年7月确定，"干细胞"这种分化程度最低但对辐射最敏感的细胞在这两个过程中所起的重要作用。同年，13个国家的政府代表在柏林举行了一次会议，会上决定，在国际范围内协调一致，共同为抗击被称为"人类祸患"的癌症做出努力。

20世纪初，使用镭的治疗方案多种多样：有的将其直接应用于皮肤（上页下图），有的将患者置于密闭的隔间内（左图），患者在隔间内吸入气筒（用于运输的圆柱形气体盒）中的氡气，操作员通过窥视孔，观察患者情况并控制氡气的释放。

克洛迪斯·勒戈
（1870—1940，右图）
是第一个认识到，如
果想要找到一种合理
的治疗策略，必须首
先确定和控制辐射的
物理因素（辐射的时
间和强度，辐射源的
性质等），并测量其生
物影响的人。他特别
指出，γ射线比X射
线的穿透力更强，可
以到达身体深处的肿
瘤处，同时不会对皮
肤造成损害。

两方"安排下"的合作

1909年，勒戈听说巴黎大学和巴斯德研究所将创办一个联合研究所。事实上，1907年，一位富有的实业家资助了巴斯德研究所一笔数额巨大的捐款（3000万金法郎），用于建造一个癌症治疗中心和一个联合研究实验室。巴斯德研究所所长埃米尔·鲁很早就意识到镭的潜在治疗用途，他立即想到让玛丽·居里参与这项事业。但玛丽任教的巴黎大学却提出了异议，校长不想放走自己学校里的一位诺贝尔奖得主。而且，巴黎大学已经在乌尔姆街和圣雅克街的交叉口买了一块地，打算分配给玛丽·居里使用。因此，校长建议巴斯德研究所"用共同经费"建造一个实验室，同时从事放射性研究（由玛丽·居里领导）和放射性在

医学领域应用的研究，实验室主任由巴斯德研究所任命。

这个时候，克洛迪斯·勒戈写信给埃米尔·鲁，毛遂自荐担任与玛丽·居里领导的实验室进行联合研究的实验室主任。尽管到目前为止，他的研究重点一直放在 X 射线对组织的影响上，但在 1906 年的研究之后，他正在考虑用氢代替 X

玛丽·居里（上图，皮埃尔去世后的玛丽在居维叶街的实验室中）经常引用巴斯德的话，在巴斯德看来，实验室是人类"神圣的家园"，人类在这里"成长，壮大，变得更好"……

射线。勒戈于 12 月被任命为主任。1913 年，尽管 1911 年开始的工作远未完成（物理学家们将在 1914 年夏天进驻实验室，生物学家们则将"稍后"进驻……），但勒戈已经在研究所的实验室里安顿下来，开始与玛丽·居里的助手和忠实的伙伴安德烈·德比埃尔内一起工作（玛丽在"朗之万事件"之后离开了巴黎）。由两家单位主管部门安排的这项合作便正式启动了，虽然有一人缺席，但这次合作在战后被证明极其有效。

放射性计量单位和标准的选择

第二次授予玛丽·居里诺贝尔奖的委员会在其授奖声明中指出，玛丽·居里和德比埃尔内开创

玛丽·居里一直关注着镭学研究所实验室的建造。1916 年，正值第一次世界大战如火如荼之际，她从沙特奈的克鲁苗圃订购了"六株多变醉鱼草、六株德利尔美洲茶、六株木槿、六株丁香、四株玫瑰茎、三大盆紫藤、两株攀缘蔷薇"，用来装点她在实验室两座小楼之间开辟的小花园（下图为 1918 年玛丽和她的两个女儿在镭学研究所的露台上）。

镭学研究所（左图为玛丽·居里的办公室）于1914年建成。从这张1922年拍摄的照片中（下图）可见，研究所左侧是居里楼，右侧是巴斯德楼，中间是辐射源楼。玛丽·居里在1920年时回忆，研究所的建成来之不易："在极端困难的情况下，我设法搞定了新设施的落成……以保证在战后恢复正常工作时，一切都已准备就绪。同时，我把我的实验室变成了陆军医院的放射中心。我还为镭疗专门开设了一个放射科……所有这些事情都是我一个人做的，实验室里没有其他工作人员，只有一位机械师帮了一些忙，但他大部分时间都抱病。我的大女儿居里女士也在旁协助。"

了一门将镭应用于癌症治疗的全新科学学科——放射治疗（也称为镭疗或近距离放射治疗）。勒戈和德比埃尔内在1913年所做的工作对这一新学科的发展至关重要，此时，未来的镭学研究所甚至都还没有建成。他们需要选择一个单位来测定放射源发出的放射性辐射的量。显然，只有使用相同的单位和严密定义的协议来测量这个量，生物学家和物理学家们才能协同工作。对物理学家们来说，重要的是构成放射性辐射的 α、β、γ 三种辐射的总强度，而医生们则只对能够穿透组织的 γ 射线的强度感兴趣——用于肿瘤治

疗的氡都被密封在玻璃安瓿瓶中，以便于做出调整，γ 射线也是唯一一种能够穿透这种玻璃的射线。

此外，不同国家从事放射性研究的众多实验室也必须使用相同的测量标准。1910 年，在布鲁塞尔举行了一次国际会议，会上委托玛丽·居里制作质量为 20 毫克的金属镭的标准品。这次大会还讨论了计量单位的问题，玛丽·居里规定了一个满足其需要的单位"居里"，1 居里等于"与 1 克镭相当的射气（氡气）量"。然而，为了配合即将与之合作的医生和生物学家们，居里夫人同意通过测量 γ 射线来与标准进行比较。

这次会议确定的放射性标准，迫使玛丽·居里重整了实验室的架构，新开设了一个测量科。

玛丽·居里在 1922 年出版的《放射学与战争》一书（下图）中，讲述了她在前线的经历。

第一次世界大战

第一次世界大战明显改变了 1914 年刚刚成立的镭学研究所的命运。1914 年 9 月，应政府征召，克洛迪斯·勒戈被任命为孚日省热拉德梅疏散医院的主治医师。

Mme PIERRE CURIE

La Radiologie

et La Guerre

玛丽·居里结束了在波尔多的避世休养后回到了巴黎，投身一项战争初期她就在酝酿的项目。玛丽了解到军队医疗服务资源匮乏，以及军医在

X 光诊断方面经验有限，于是，她决定建立一项流动 X 光医疗服务。1915 年，在红十字会的帮助下，她成功为 20 余辆汽车配备了 X 射线发生器，世界各地的妇女受到玛丽"为我们的士兵做点什么"的感召，慷慨地"借出"了这些汽车。这些汽车由包括玛丽在内的未被征召入伍的"平民们"驾驶，从 1915 年开始，便在前线穿梭医治伤员，甚至在冲突演变成战壕战之后依然没有停止服务。现场 X 光检查能在术前发现和定位伤员体内的弹片位置，帮助踌躇不定的外科医生们迅速并干脆利落地取出弹片，这一切都要归功于这个架在"两个轮子上的 X 光机"。

1916 年，玛丽·居里和克洛迪斯·勒戈在陆军部实现了真正意义上的会面。两人都经历了战争的折磨，也都从自身在前线的经历中得出了相同的感悟，认为医学和科学必须携手合作，他们

1916 年 7 月，玛丽·居里考取了驾照，开着一辆"X 光车"前往战争前线，协助现场的医生和医护人员开展医疗服务。

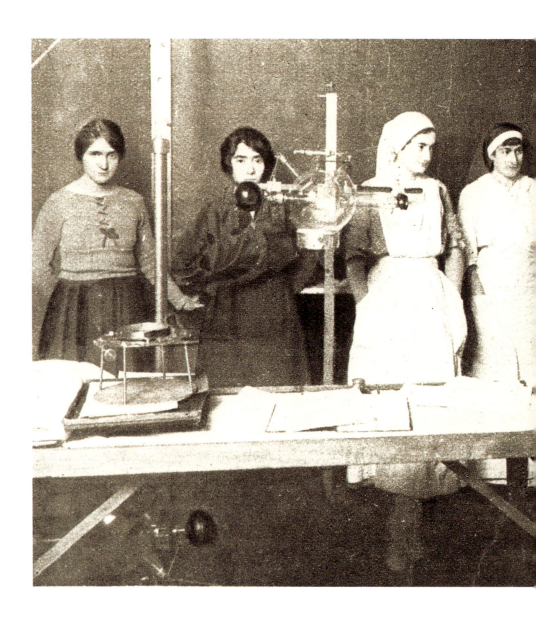

探讨了二人未来在镭学研究所的合作。1914 年之前，外界（巴黎大学、巴斯德研究所）为两人做出决定，成立了镭学研究所，但如今，战争的经历促使二人发自内心地渴望建立一项共同的事业。勒戈是一名训练有素的医生，直到 1914 年才开始在医院任职，他改变了对未来研究所里

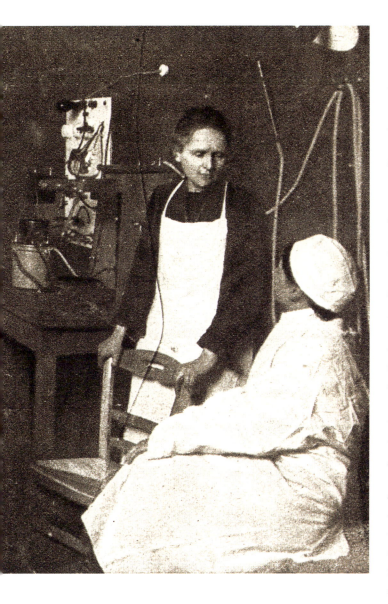

"投入战地服务的汽车有20辆，玛丽给自己留下了一辆。这是一辆平头雷诺车，车身像送货的卡车。灰色的车体上绘有一个红十字和一面法国国旗，玛丽开着这辆战车每天在前线出生入死，宛如一名伟大的运动队长……经过几次被迫停工，以及花费大量时间与满腹狐疑的哨兵交涉之后，一家医院终于得以建立。玛丽迅速选择了一个房间作为放射室……痛苦的救治工作纷至沓来。一个个担架抬着痛苦的伤员接连到来。玛丽将X光机对准伤员血肉模糊的身体，调整角度以获得清晰的视场。机器上显示出骨头和器官的轮廓，如果在这中间出现了一个黑暗的碎片，那便是子弹或弹片。十个伤员，五十个伤员，一百个伤员……玛丽经常连续工作几个小时，有时甚至是几天。只要还有伤员，玛丽就会留下来……在离开之前，她还想办法在医院里建立了一个固定的X光站。"

——艾芙·居里

"生物学"的部分的设想，并决定在其中加入一个护理科。停战协定刚签署完毕，克洛迪斯·勒戈和玛丽·居里就着手起草了一份"关于扩大镭学研究所科室"的建议书。

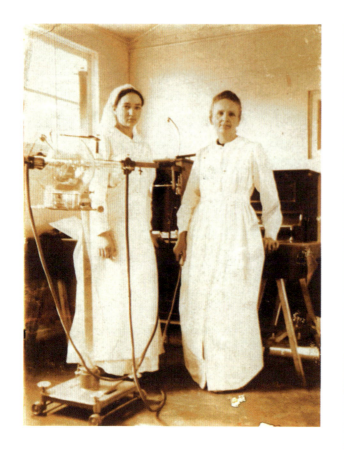

玛丽·居里带着她当时 18 岁的女儿伊雷娜一起上了前线，教她如何操作 X 光设备（上图，1917 年，母女俩摄于霍赫斯塔德医院）。

从诊所到"居里医院"

克洛迪斯·勒戈和玛丽·居里从此开始携手并肩，为实现皮埃尔·居里二十五年前提出的同一个"人道主义和科学梦想"而奋斗，通过"人文科学和科学医学的结合"（克洛迪斯·勒戈语）战胜癌症。为了实现这个计划，他们申请并获批成立了一个基金会，并将其命名为居里基金会。这个基金除了支持镭学研究所内一众研究性实验室的正常运作外，之后还资助成立了一家工厂（1930 年在阿尔克伊落成）和一个门诊所，门诊位于乌尔

姆街 26 号巴黎大学提供给基金会的一块土地上，专门进行镭疗实践。这家于 1923 年 12 月 26 日落成的诊所，就是后来成为欧洲主要癌症治疗中心之一的居里医院的前身。将居里基金会资助的灵活度与大学实验室资助手续的烦琐程度一比较，我们便会对前者的现代性设计发出由衷赞叹。这个被公认为公益机构的私人基金会有权接受捐款，居里夫人利用自身杰出女性的地位，以一份不同寻常的胆量，

上图为从前线返回、停在荣军院庭院中的"居里小车"。这些医疗车辆是玛丽·居里对战争做出的最为壮观的贡献；这些车辆见证了玛丽·居里创建了一所"医疗器械操作员学校"的壮举。在这所学校里，玛丽·居里共培训了 150 多名 X 光设备技术员。

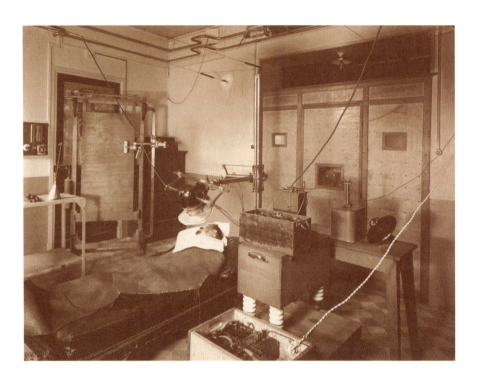

在寻找捐赠者的艺术方面堪称大师。她先后为基金会寻来了多名赞助人，其中包括最初的赞助人亨利·德·罗斯柴尔德男爵、收藏家大卫·大卫－威尔和拉扎德银行、美国妇女团体、卡内基基金会和洛克菲勒基金会等。

基础研究

尽管外界纷乱不已，玛丽·居里一直坚持着她和皮埃尔的初心：建立一个为医学服务的物理学实验室，制造校准源并将它们送到世界各地，与工业界保持密切联系（玛丽管理着阿尔克伊的工厂），而不忘基础研究。

1920年，勒戈在镭学研究所的巴斯德楼内建成了放射治疗室（上图）。

放射医学一路走来，从奇科托在公寓房间内实施放射治疗开始，终于发展为一门"科学"的学科。与此同时，医院也经历了一场重大的社会变革：病人不再仅仅由医生照顾，合格的技术人员也加入了医疗队伍（第80~81页跨页图）。

1920—1930 年，玛丽·居里以一种在学术界罕见的务实精神管理着她的实验室，这种精神为她赢得了一众同事的钦佩。众人惊叹一个女人居然能如此优秀。让·佩兰不禁称赞她是"自己所认识的人中最伟大的实验室主任"。她与行政当局和供应商一步一个脚印洽谈事宜，举手投足间表现出一个真正的企业家的风范。同时，她也出色履行了科研主任的角色，为学生选择研究主题，组织开展研讨会。在那一时期，她领导的实验室更趋近于英国或德国实验室的风格，与法国其他实验室风格迥异。1920—1940 年，居里实验室发表的论文占巴黎全部实验室发表论文总量的五分之一。

玛丽·居里在选择和招聘合作者及学生方面尤其具有创新性。当时，大多数实验室的博士生都没有薪水，但居里夫人会努力为他们寻来资助金（通常是美国的奖学金，如居里–卡内基奖学金）。在她看来，国家显然需要承担科学研究的费用，其中就包括研究人员的工资，她把研究人员形容为无私的英雄，认为必须给予他们

镭学研究所设计的"镭弹"（上图），于 1934 年在居里基金会的支持下投入使用。这是一项真正的技术创新，是一种"远程放射治疗"设备：放射源被置于距离病人 10 ~ 15 厘米的地方，这使得辐射得以均匀分布（但需要施以沉重铅块的保护）。"弹"一词表明这种装置威力强大，其中含有多达一克的镭（从前使用的细针装置中仅含有几毫克的镭）。左图中是 20 世纪 20 年代用于远程治疗脑癌的模压装置。

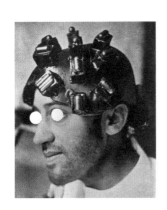

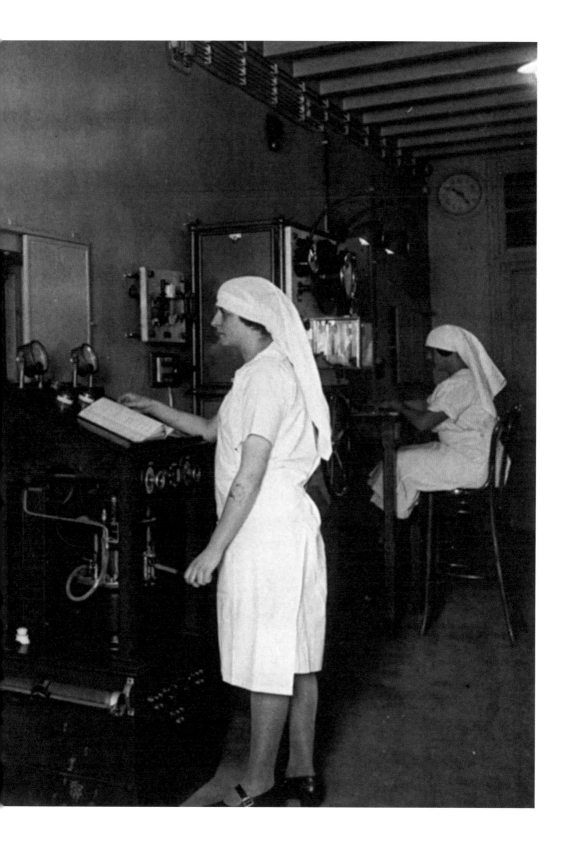

必要的生活保障，为他们免除物质上的后顾之忧。但如果国家无力给予这种保障，居里夫人会毫不犹豫地敲开那些有钱人的门。

此外，她的招聘范围也比其他地方更加广泛。她时刻记得自己是一个迁居巴黎的外国人，所以她的实验室里接纳了许多外国人，无论应聘者是意大利人、罗马尼亚人、葡萄牙人，还是波兰人、俄罗斯人、塞尔维亚人，甚至日本人，她都一视同仁。

玛丽·居里向年轻的女孩们敞开了自己实验室的大门，这在当时极为罕见。甚至可以说，她组建了一个真正的女科学家网络，她的一些女学生一回到自己的祖国，也会加入培养女性学生的队伍，然后又把她们的学生送来巴黎深造……

年轻的女性科研工作者们源源不断地来到居里夫人身边与她一起工作，她们对放射学的发展做出了积极贡献，促进了放射学分支机构在国际上的发展。我们不得不承认，居里夫人在科学研究史上谱写了一段独一无二的华美篇章。

接班人弗雷德里克·约里奥

1923 年，伊雷娜·居里进入了母亲的实验室工作，进行钋产生的 α 射线的论文研究。钋元素发出的放射线仅由 α 粒子组成，基于这一特性，钋可以被用作轰击物质的粒子源。而使用粒子（α 粒子和后来的中子）轰击原子核，即将成为一门新兴学科——核物理的首选手段。

1925 年，玛丽·居里招募了保罗·朗之万推荐给她的一位年轻物理学家——弗雷德里克·约里奥。实验室的研究氛围仍然非常活跃，但这里的创新活力已不再居于世界一流，与英国和德国的实验室对比尤为明显。主要是因为这家实验室的"老板"在领导方面已经力不从心：玛丽受疾病的困扰越来越严重，而这场疾病最终将夺走她的生命。她向周围的人隐瞒了身体上的不适。这样做不仅仅出于自己的骄傲，同时也是因为她不能接

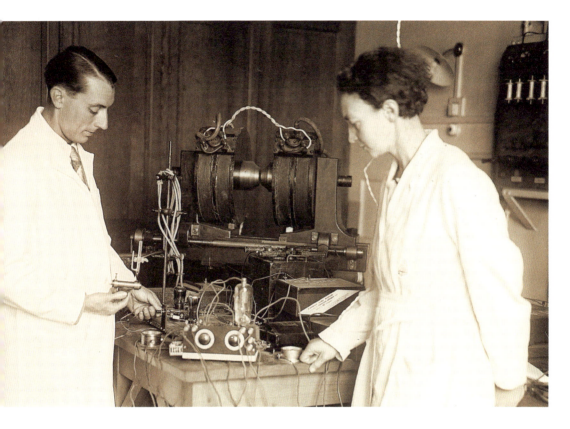

"她外表冷酷，有时会忘记和人打招呼，在实验室里，她（伊雷娜）并不总能博得他人的好感……通过观察，我发现这个年轻女孩情感丰富，富有诗意，在许多方面，她都以自己的父亲作为榜样。"

——弗雷德里克·约里奥

1926 年，弗雷德里克·约里奥和伊雷娜（上图）结为夫妻，令他们的同事和玛丽·居里本人都大吃一惊。两个人性格迥异。约里奥性格开朗，热情，魅力十足；伊雷娜则矜持，严肃，谨慎，甚至有点忧郁。但他们对研究怀有同样的热情。

受放射性可能存在危险的事实。但她不是唯一因此患病的人。生活在一些合作伙伴的身体上留下了痛苦的印记。尤其是她的一生挚友德比埃尔内，他仿佛活成了一个幽灵：四年的战壕生涯使他的性情变得暴戾孤僻，他每天将自己关在房间里，不再和任

玛丽·居里两次到美国寻找镭。1929年，她从胡佛总统手中接受了一克镭的赠礼（上页图），用于华沙研究所的科研工作，这家研究所在玛丽的姐姐布洛妮娅的帮助下创建。但1921年的那次美国之行更为引人注目。1921年5月，玛丽和她的两个女儿在美国记者玛丽·梅洛妮（下图从左至右分别是梅洛妮、伊雷娜、玛丽和艾芙）的倡议下登上了前往纽约的飞机（上图，到达纽约）。在一次采访中，这位记者得知这位女物理学家没有足够的镭进行研究，于是决定为居里夫人筹集到购买一克镭所需的钱。回到美国后，梅洛妮在全国各地组织了一场大规模的募捐行动，从美国妇女手中筹集了10万美元，这在当时可谓一笔巨款。作为交换，她请玛丽在美国不同城市进行巡回演讲，并参加一系列毕业典礼，行程结束后再亲自去领取镭。哈丁总统亲自把装有珍贵物质镭的盒子交给了居里夫人。

玛丽·居里自己也承认,离开了实验室她就不能活。每天早上她都是第一个来到实验室。她的一个学生说,有一天,居里夫人一直在实验室待到半夜两点多,等待一种不想"到来"的锕元素沉淀物。左图摄于1928年,玛丽坐在伊雷娜旁边,后排分别是她的合作伙伴约里奥、拉波特、霍尔韦克和德比埃尔内。

Zgon Mar

何人说话。此时,需要一位年轻又具有领袖魅力的人来领导整个居里实验室的工作。但实验室的组织结构决定了玛丽·居里无法指定继任者,因为大多数在这里结束深造的杰出青年人才都回到了自己的国家,管理着他们自己的实验室。这一切随着弗雷德里克·约里奥的到来而发生改变(朗之万可能正是因此把约里奥送到了他的老朋友那里)。

熟悉了实验室的各种技术之后,约里奥开启了一个全新的研究项目,通过轰击来研究原子核,这大大出乎了玛丽一众老同事的意料。因为在他们看来,对于放射线的研究已经趋近完结,今后的进步仅限于在已经获得的结果基础上再增加几个小数点而已。玛丽·居里非常信任伊雷娜;在此期间,女儿已经和约里奥结了婚,玛丽一开始对约里奥的决定感到惊讶,后转而支持了他的想法。1931年底,弗雷德里克和伊雷娜夫

UN DEUIL POUR L'HUMANITÉ
Mme PIERRE CURIE EST MORTE

urie – Skłodowskiej

妇观察到了一种决定性的现象，但遗憾的是，他们没有从中得出任何结论；英国物理学家查德威克"弯道超车"，成为中子的发现者。1933 年，约里奥夫妇又一次与"正电子"的发现失之交臂。1934 年，他们终于在物理学领域取得了重大突破，发现了人工放射性（一个原本不具有放射性的物体在被 α 粒子轰击后变成了放射性物体），这一发现为他们赢得了 1935 年的诺贝尔物理学奖。重病的玛丽·居里获悉了女儿和女婿的发现，充分理解这一发现的重要性。1934 年 7 月 4 日，玛丽·居里与世长辞。

在居里夫人生命的最后几年里，艾芙·居里陪着母亲住在白求恩码头。在为母亲撰写的传记中，她讲述了自己发现母亲在凌晨三点时还醒着的场景："我（艾芙）穿过走廊，推开门……每晚都是这样的场景。居里夫人坐在地板上，身边堆满了草稿纸、计算尺和小册子。她从来不习惯坐在扶手椅上面对着书桌工作，大思想家们仿佛都是这样的习惯。她需要一个不受限制的空间来摆放她的文件和曲线图表。此刻，她正专注于一项困难的理论计算，尽管看到女儿折返回来，但她并没有抬起头。她眉头紧锁，满脸苦恼。笔记本放在腿上，她拿着铅笔在本子上草草地写着一些符号和公式，嘴里还低声嘟囔着什么。玛丽·居里低声说着一些数字。她还像六十年前一样……在用波兰语算数。"

第四章
化身传奇

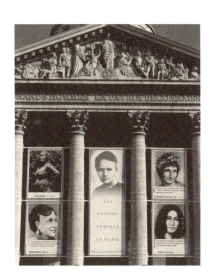

世界各地的孩子们都聆听过玛丽·居里的辉煌传奇，这位科学界的圣母被打造成了全世界女孩们（难以企及）的榜样。但年轻女孩们真的认同这样的女性形象吗？为什么影视作品中的玛丽·居里不是30岁发现放射性时的年轻模样？

玛丽·居里已经成为一个传奇。她标志着女性进入先贤祠成为可能，虽然这种可能刚刚出现且十分渺茫（上图为2002年妇女节时先贤祠建筑正面）。与许多传奇一样，玛丽·居里的传奇有力回应了一个质疑——这个质疑是用本质主义术语表述的，因而呈现为一种矛盾的形式：女人怎么可能成为学者？

如科学一样严肃而苛刻

在常见的照片中，玛丽·居里总是身穿一件简单的黑色连衣裙，头发盘成整洁的发髻，脸部长而消瘦，以至于我们常常忘了她是一个有血有肉的女人。玛丽·居里不再是她自己，而是呈现出一种无性别、冷漠、面无表情的形象；她是科学的象征，是人们想象中科学的化身：严肃、朴素、严谨、苛刻。"啊，严肃的数学……"洛特雷阿蒙在 19 世纪就发出过这样的惊呼。即便是她的凝视，都极具穿透力，她一生都保持着这种锐利的凝视（仿佛她的眼睛不会变老），她的眼神笔直，锋利如刀刃，隐约中透露出那股被形容为"严肃"的科学气质。

但是，为什么投身科学的女性总是以这样的形象示人？她为什么不能是一个迷人、伶俐、意志坚定的年轻女人，不管别人怎么说，坚定走自己的路，知道如何在一个男人主导的世界中赢得自己的地位，以讨喜、幸福快乐的模样为代表呢？一个答案立即浮现在我们脑海中：因为科学是一件严肃的事情，其从业者必须具备严肃、负责和稳重的特质；而在我们的社会中，总是将年轻女性的形象与小女孩混为一谈，认为她们轻率，没有责任感，思想浅薄。玛丽·居里之所以成为一位传奇人物，是因为她作为一位女性科学家，为了打破人们对女性的传统偏见，或者说为了以一

1894 年 9 月 17 日，皮埃尔·居里写信给玛丽："我把您的照片给我哥哥看了。您不会介意吧？他觉得您特别好。他还说：'她看起来意志坚定，甚至有些固执。'"皮埃尔深深爱上了玛丽，向她求婚。艾芙·居里在《居里夫人传》这部回忆录中评价，这次求婚"隆重异常"，皮埃尔为两人租下了"一套在穆费塔街的公寓，窗户可以俯瞰花园，这间公寓可以分为两个独立的空间"。上图是 1892 年玛丽在姐姐布洛妮娅巴黎的公寓阳台上。

己之力掩盖全体女性的缺失，她只能以严肃负责的女性形象示人。加上她年轻寡居的身份，在所有照片中，她的脸上都流露出一种悲伤之感，也让人感觉是情理中的事。就这样，人们逐渐忘记了玛丽·居里曾经也是个孩子，成长过，梦想过，精神和肉体上都承受过深深的苦难。

拒绝"扮演好自己的角色"

玛丽·居里的辉煌传奇中记录了她的爱情。在下面这张照片中，玛丽和她的丈夫皮埃尔站在他们的实验库房前，两人并肩朝着同一个目标进发：发掘大自然中掩藏得最深的秘密。玛丽虔诚

1896 年夏天，皮埃尔和玛丽骑自行车穿越奥弗涅地区（下图）。玛丽后来写道："我对一个阳光明媚的日子记忆犹新。在经历了漫长而痛苦的攀登之后，我们穿过奥布拉克绿色草地，那里天气凉爽，高原纯净的空气令人心旷神怡……我还记得另一个美好的夜晚，黄昏时分，我们在特鲁耶尔的峡谷里流连忘返……由于计划不周，直到黎明时分，我们才回到家中。"

LE PHOTOGRAPHE EST SANS PITIE

1911 年 1 月，科学院院士选举投票的前几天，狗仔队在街上"偷拍"了一组玛丽·居里的优雅照片。居里夫人当时正处于一场激烈争论的中心，一派人认为"科学的头脑没有性别之分"，另一派人认为女人不应该寻求"与男人平等"的地位，两派之间争论不休。

温柔的形象反映出她心中荡漾的爱意。人们很少提到两人的爱情故事，在描述这两位伟大的科学家时，个人生活似乎发生在另一个世界，又或者说探索大自然的热情仿佛能够保护他们免受尘世悲伤的影响。面对痛苦，玛丽就表现出了强大的承受能力。然而，在皮埃尔去世十一天后，玛丽开始写日记，从 1990 年来向公众公开的日记内容中，我们可以窥见她心中的苦痛。"亲爱的皮埃尔，从今以后我再也见不到你了，我想在实验室的一片寂静中和你说话，我从来没有想过，有一天会失去你独自生活。"

皮埃尔去世四年后，关于玛丽·居里与皮埃尔的学生兼朋友保罗·朗之万产生感情的传闻，在很长一段时间里不为人所知（但这在当时两人的朋友间是一个公开的秘密）。这是一段危险的恋情，给了法国那群怀有仇外心理的卑鄙之徒以可乘之机，他们用人们所能想象的最粗俗的语言诋毁玛丽，这段恋情也在这种戏剧性的发展中走向了终结。

正如朗之万和玛丽·居里的共同好友爱因斯坦所说，每个人都知道保罗·朗之万婚姻不幸：妻子对他诸多抱怨，责备他没有挣到足够的钱；两人的争吵不休，妻子甚至有时还会对他施以暴力。皮埃尔·居里去世后，朗之万在这段时间自然而然地陪伴在玛丽身边，帮助她解决了许多学术和行政上的问题。久而久之，朗之万开始向玛丽吐露心声，向她倾诉自己不幸的婚姻。玛丽被感动了，两人待在一起的时间越来越长。慢慢地，她走出了阴郁的处境，又开始穿颜色鲜亮的裙子。很快，两人在拉丁区租了一间小公寓。朗之万的妻子对玛丽·居里以死相逼，强行夺取了朗之万和"那个波兰女人"之间的信件后，她威胁要制造一场丑闻。一年后，她将这些信件公之于众。

1911 年 11 月 23 日，右翼无政府主义、反犹主义和排外的周刊《劳动报》发表了这些著名的信件，并附上了一篇题为《为了母亲》的社论，

1903 年时，玛丽·居里并没有被看作一个外国人，因为她为法国赢得了一顶诺贝尔奖的桂冠，如今她却变成了一个"波兰人"，甚至是一个"犹太人"。（她的中间名不是莎乐美吗？）自此之后，在世人眼中，玛丽被拉下了科学圣殿女祭司的神坛。1911 年 1 月 9 日，《精益求精》杂志向读者提供了一份对这位女物理学家的笔迹学和社会形态学分析（下图）。

声称一位法国母亲（朗之万夫妇育有四个孩子）被"一个别有用心，参与发现了镭的不祥女学生"侮辱……这个女人迷惑住了一位"我们的"科学家，呼吁公众为这位母亲报仇。很快，这段"奸情"传遍了大街小巷。玛丽·居里被迫躲在朋友家以逃离旁观者的嘘声。更糟糕的是，诺贝尔奖委员会原计划第二次授予玛丽·居里诺贝尔奖，居然在瑞典国王在场的情况下建议暂停颁奖仪式，这是史无前例的。这种无礼行为至少带来了一点好处，那就是让玛丽·居里恢复了一点斗志：她严词回应说，这个奖项因她的科学工作而授予，科学工作与私生活无关。所以她执意前往斯德哥尔摩接受奖项。

值得注意的是，在这件"丑闻"中，"错误"完全被归咎于玛丽·居里一人，根本没有人指责朗之万。报纸指控她摧毁了一个家庭，在世人眼中，这并不是她的根本罪行所在。世人的愤怒来自她犯了另一个更加严重的错误：没有扮演好自己的角色。她是一个女人，同时又是一位诺贝尔奖获得者；集这两种身份于一身在之前是不可想象的（她是第一位获得诺贝尔奖的女性），她因此备受"推崇"。

可玛丽·居里偏偏从小就习惯于波兰式思想，从不顺从男女有别的传统。在她的祖国波兰，女性言语坦率；打破社会规则是刻在她波兰人身份中反抗精神的一部分。而她犯了一个错误，没有意识到（或者不愿看到）法国不同于波兰。

玛丽·居里与女权主义

然而，玛丽·居里并不是一个女权主义者，并一直拒绝宣称自己是女权主义者。她也没有加入任何一个政党。她只在一件事上放弃了这种谨慎的态度，当时是 1912 年，玛丽在英国女物理学家赫塔·艾尔顿家中休养身体期间（玛丽在 1911 年至 1913 年间病重），艾尔顿请她签署一份请愿书，要求释放三名在英国监狱绝食示威的爱尔兰妇女。

Les Hommes du Jour

直到第一次世界大战，媒体都很难找到玛丽·居里的踪迹。1910 年 2 月
1 日，刊登在《今日人物》杂志封面上的这幅肖像画就是一个例子。从
这幅肖像画中我们不难看出，漫画家显然为给玛丽·居里画像感到为难。
他在画像中给玛丽加入了许多与她实际样貌无关的男性化特质，来解决
见不到她真容的问题。

玛丽·居里不是一位女权主义者，因为她认为，比起积极参加运动，
自己在实验室里完成工作，对其他女性更加有用。仔细观察，居里夫人
对提高妇女地位贡献最大的地方并不在于她的工作成果和发现，而是她
始终身体力行，将男性世界的标准应用于自身。

1914 年，第一次世界大战结束之后，玛丽·居里作为一个独自在男人世界中奋战的女人（以 1925 年的法国国立工艺学院为例，其中绝大多数学生都是男性），她的处境开始有所好转：她如今享有无可争辩的特殊地位。这种地位使她得以强调自己在工作中发挥的作用："分离镭的化学工作……是由我独立完成的……（放射性）是我所生，并尽我所能抚养长大的一个孩子。"

特别是，她一直坚称，自己在这些发现中做出的贡献（她不抢夺别人的贡献，但自己的贡献也不能被别人攫取），并不顾忌是否会因此冒犯男性。我们可以清楚地看出，这种要求承认自身贡献的作风，针对的是一种偏见，即一个女人不可能在科学领域取得成就（这种偏见在创新领域尤甚），她是在一个或多个男人的帮助下，或与他们组成团队的情况下才取得了这些成就。这种偏见往往以一种对语言纠正化解读的阴险形式出现，比如"并不是说女人不适合科学研究，事实是她们需要男人的帮助；只有女人自身无法成功"。在这些偏见之下，玛丽·居里遭受了许多不公的对待。1898 年，镭被发现后，有些人不禁疑惑，玛丽和皮埃尔谁才是镭的"真正发明者"。事实上，人们一直在强调玛丽·居里卓绝的实验能力，暗中影射实验的设计想法不是出自她而是她的丈夫之手。但事实并非如此，正是玛丽提出并阐述了"放射性是物质的一种原子属性"的假说，"以此可以提供一种寻找新元素的方法"。然而，人们对此仍感到质疑。1911 年，哈佛大学拒绝授予玛丽·居里某一项荣誉勋章，理由是"自 1906 年丈夫去世以来，居里夫人没有做出任何重要的成就"。威廉·拉姆齐爵士在接受《每日邮报》采访时也同意这一观点。他表示，杰出的女性科学家"总是需要与一位男性同事合作才能做出她们最好的成果"。

皮埃尔和玛丽，玛丽和皮埃尔

虽然玛丽·居里在每一个场合都要明确指出，哪些工作出自她手，哪些由皮埃尔完成，但这并不是在否认皮埃尔在她职业生涯中的重要性。正因为皮埃尔的支持，玛丽才能够活成自己的样子。这位才华横溢、全身心投身科学的年轻女学生，在结婚后很可能会因婚姻而被迫放弃自己的抱负。但事实并非如此，因为当时她和皮埃尔之间建立了一种不同寻常的关系，她才有足够的时间和精力投入科学研究。

1903年，皮埃尔曾威胁诺贝尔奖委员会，如果在提名中"遗忘"自己妻子的名字，他就拒绝领奖，没有多少男人能做到为了妻子的利益拒绝诺贝尔奖。

他们在知识和精神上如此默契，以至于大众常常很难区分，哪些想法来自玛丽，哪些来自皮埃尔。两人一起描绘出了属于他们自己的"科学梦想"。玛丽所持的观点也是如此，即一个人为科学的进步而工作比作为一个活动家更有价值。甚至在他们结婚之前，皮埃尔就曾写道："在所有这些梦想中，我想，只有最后一个最具有实践的可能。我的意思是，我们无力改变社会现状，在目前处境中我们还能做些什么呢。无论以任何方式

镭由一对夫妇发现，这一事实造就了玛丽·居里的传奇，1904年的这两张插图（上页图和下图）展示的就是夫妻二人一起工作的场景。"镭"这个词一度成了"爱"的同义词。不仅仅是大众媒体，阿拉贡在他的诗作《艾尔莎的眼睛》里也这样写道："你的眼睛这样深沉，当我弓下身来啜饮／我看到所有的阳光都在其中闪耀／……他们是不是把闪光藏在薰衣草里／草间的昆虫扰乱了他们的炽烈情爱／……我从沥青矿里提炼出了镭／我被这禁火灼伤了手指……"

1903年6月，居里夫妇应英国皇家学院的邀请来到伦敦。开尔文勋爵曾在1900年断言，在物理学领域已经没有任何重大发现可待发掘，如今，他对这对在英国声名鹊起的法国夫妇的研究工作表现出了浓厚的兴趣（上图是1904年《名利场》上刊登的一幅名为《镭》的漫画）。

行事，我们永远不能确定，自己是否因为拖延了某些不可避免的发展而采取了弊大于利的行动。相反，在科学方面，我们可以切实地追求一些目标；科学的土地更加坚实，无论多么微小的发现，都能切实地为社会做出贡献。"

他们也同样秉持着热爱科学和献身科学的无私精神，这些理念现在或许已经过时，但在 20 世纪初却令人振奋。由于玛丽在皮埃尔去世后继续工作了很长一段时间，她有机会将这种"无私"精神付诸实践。大家必须清楚一点，玛丽只在个人财富方面"无私"，相反，对于资助研究的经费她向来都是积极奔走，奋力筹措。资金筹措的问题困扰了玛丽·居里一生。在她和皮埃尔看来，资助者的角色无疑主要由社会承担：社会必须为那些为科学服务的人提供物质保障，不仅需要为科学家的衣食住行提供保障，同时还要为他们的科研活动提供必需的物质条件，这样做完全是为了全社会的福祉（因为科学家个人秉持无私的精神）。

然而，玛丽·居里在一个领域表现出了特别谨慎的态度——她身边的亲近之人，特别是保罗·朗之万，以及后来她的女儿和女婿弗雷德里克·约里奥，都没有保持她的这种态度——那就是参政。政治问题对 20 世纪的欧洲知识分子至关重要（比如爱因斯坦）。

在这个科学家集体责任的问题上，她却落在了后面，这实在令人惊讶。1905 年，皮埃尔·居里曾在斯德哥尔摩代表两人发表讲话，对此做了明确而乐观的评论："可以想象镭在罪犯手中会变得非常危险，对此我们可以扪心自问，人类是否从了解自然的奥秘中受益，是否已经做好了好好利用这些奥秘的准备，或者说是否了解这种知识会对人类造成危害。诺贝尔的发现就是一个典型的例子，威力强大的炸药使人类能够完成令人钦佩的工作，但在将人民引向战争的罪犯手中，它又变成了一种可怕的破坏手段。我和诺贝尔的想法一样，认为人类从新发现中得到的好处大于坏处。"

爱因斯坦在读完《居里夫人传》一书后，写信给艾芙·居里道："多年来，与这位令人敬佩的女士之间保持的同僚情谊，是我这一生中最美好的事情之一。我们在每件事上都有惊人的共识，我常常觉得，她与真实生活的联结比我更加深刻和严肃。"虽然爱因斯坦和玛丽带着各自的孩子一起度假时，爱因斯坦有时会抱怨他这位"同僚"性格强硬，但事实是，他们二人惺惺相惜，有着深厚的情谊。与玛丽·居里总是拒绝对政治问题表态不同，爱因斯坦（在1919年）决定利用自身影响，投身自己重视的政治事业，即在两次世界大战之间，为呼吁和平和反对反犹太主义（然后是纳粹主义）而斗争。玛丽·居里很难理解，为何爱因斯坦会对反对反犹太主义的反应如此激烈。下页图为1922年玛丽·居里和阿尔伯特·爱因斯坦在日内瓦湖畔。第104页图是1930年玛丽·居里乘坐奥林匹克号轮船从美国返回时所摄。

　　四十年后，科学和技术进步取得了长足发展，两枚原子弹在长崎和广岛爆炸，造成了成千上万人的死亡，幸存者及其后代仍将遭受有害的辐射。玛丽·居里珍视放射性这一成果，她认为放射性将成为服务人类的"美丽的孩子"，居然用于大规模的毁灭性事业。尽管，无论是皮埃尔·居里还是玛丽·居里，都没有料想到这一发现将会有如此灾难性的命运走向。

皮埃尔·居里

皮埃尔·居里不如玛丽·居里出名，可能是他太早离世的缘故。然而，这位不为人知的人物，其实是一位杰出的物理学家。他思想深刻，工作严谨，极具创新思维，他在放射性以外的许多领域都取得了非凡的成就。物理学中，与对称效应相关的一个基本原理就以他的名字命名。

一颗迟钝，爱幻想……顽固的头脑

> 皮埃尔·居里是在家中接受的教育，他在古典文化的某些领域接受的教育很少，在科学领域的学习却非常深入。1921年，结束了美国之行后，玛丽撰写了一本皮埃尔的传记，在其中描绘了他的知识分子形象。

他爱幻想，无法忍受学校教学条条框框的约束。他在学校教学体制下面临学习的困难，却被世俗认为是智力迟钝，因此，连他也认为自己智力迟钝。然而，我却认为这种说法并不完全正确；在我看来，从很小的时候起，他的心智迫使他一次只能把注意力集中在一件特定的事物上，直到得到一个特定的结果为止，外界环境无法打断和改变他的思维进程……很明显，具有这种特质的头脑未来蕴藏着巨大的可能性。然而，同样明显的是，公立学校的教育系统并不适合他这种智力人群。这一群体的人数，可能比表面上看到的要多得多。

皮埃尔·居里十分幸运，正如我们所见，他在学校里不可能成为一个出色的学生，但他的父母十分开明，充分理解了他的处境。他们没有强求自己的儿子去做出可能会影响自身发展的"努力"……他在完全自由的环境中长大，乡间徒步使他产生了对自然科学的浓厚兴趣……乡间散步，激发了他对自然的热爱，终其一生，他都保持着对自然的这份热情。

玛丽·居里

《皮埃尔·居里传》，帕约出版社，1923 年

"勤于思考的头脑在世俗的喧哗中感到迷茫"

　　皮埃尔觉得，自己注定要从事科学研究事业。对他而言，因日常事务而无法集中注意力是"痛苦和焦虑的原因"。皮埃尔写下了为数不多的自传，在一篇题为"寻常一日"的笔记中，描述了自己众多"无用"日子中的一天。

　　虽然很虚弱，但我不会让我的思绪随风而动，遇到任何风吹草动就被轻易扰乱。我周围的一切都必须静止不动，或者像一个嗡嗡作响的陀螺一样动个不停。这种运动本身会使我对外在的事物失去知觉。

　　当我慢慢集中精力，开始思考时，一件小事、一个词、一篇报道、一张报纸、一次拜访都会打断我，并可能永久地推迟重新开始思考的时刻。只要具有足够的速度，我可以无视周围的一切，专注于自己……我们必须吃饭、喝水、睡觉、休闲、爱，触摸今生最甜蜜的东西，不要死亡；在这个过程中，我们非自然的思想仍然占据主导地位，并在我们可怜的头脑中，继续无动于衷地前进；必须使生活成为梦想，使梦想成为现实。

皮埃尔·居里

《皮埃尔·居里传》

初次相遇

在为皮埃尔撰写的传记中，玛丽描述了她与皮埃尔的第一次相遇。

当我进去的时候，皮埃尔·居里正站在一扇通往阳台的落地窗的窗洞里。他当时虽然已经 35 岁，看起来却非常年轻。我被他清澈的眼神和高大身材中散发的淡淡慵懒气质打动。他语速缓慢，说出的每句话都经过深思熟虑，他的朴实，他那既庄重又年轻的笑容，让人不由得对他产生信赖。我们进行了一次谈话之后，气氛很快变得融洽起来。我们先谈了一些科学问题，在这方面我很乐意征求他的意见。然后，我们又聊到了社会或人道主义问题，我们俩对这一领域都很感兴趣。尽管我们来自不同的国家，但他对事物的看法与我却有着惊人的相似之处，这或许归因于，我们在成长过程中，各自家庭的精神气氛存在着某种相似之处吧。后来，我们又在物理学会和实验室里再次相遇，随后他便要求来我家中拜访。当时我住在学院区六楼的一个房间里，住宿条件非常恶劣。皮埃尔·居里怀着对我工作生活简单而真诚的好感前来拜访……不久，他便时常向我讲述他毕生致力于科学研究的梦想，并慢慢形成了一种习惯，他邀请我与他一道实现这个梦想。

玛丽·居里
《皮埃尔·居里传》

"天才女性十分罕见"

皮埃尔一直认为，婚姻与献身科学在生活中格格不入，但此时的他发现玛丽是一个与他"灵魂契合"的非凡女人。在将近一年的时间里，他通过一次又一次的会面，一封又一封的书信，不断向她证明，两人的婚姻将带来一段奇妙合作和巨大的幸福。

我们曾向对方承诺，（不是吗？）至少对彼此抱有无限的友谊。只要您没有改变主意！毕竟没有承诺能够永恒；这些都是无法控制的东西。然而，如果我们沉迷在各自的梦想之中，其中有你的爱国梦想、我的人道主义梦想和我们两人的科学梦想，彼此相伴度过一生，那将何其幸运，我不敢想象。在所有这些梦想中，我想，只有最后一个最具有实践的可能。我的意思是，我们无力改变社会现状，在目前处境中我们还能做些什么呢。无论以任何方式行事，我们永远不能确定，自己是否因为拖延了某些不可避免的发展而采取了弊大于利的行动。相反，在科学方面，我们可以切实地追求一些目标；科学的土地更加坚实，无论多么微小的发现，都能切实地为社会做出贡献。

皮埃尔写给玛丽的信，
收录于伊雷娜·居里著《居里夫人传》

"正是不对称创造了这种现象"

"迟钝"的皮埃尔·居里顺利通过了中学毕业会考，年仅 18 岁就获得索邦大学的理学学士学位。随后，他和哥哥雅克一起研究压电现象，这是他们开发静电计的关键所在。同时，他对"对称性"进行了理论思考。选择这门学科源自他对自然科学和自然观察的爱好。1894 年，他阐述了一个在认识论范畴意义巨大的原理。

"当某些原因产生某种结果时，原因的对称要素必将能在所产生的结果中找到。反之则不然，即所产生的结果可能比原因更加对称。"（《物理学杂志》）
或者更详细地说："某些对称要素可以与某些现象共存，但这些要素并不必要。而某些对称要素的不存在才是必要。正是不对称创造了这种现象……当某些原因产生某种结果时，原因的对称要素必能在所产生的结果中找到。当某些现象显示出某种不对称性时，这种不对称性，必将能在产生它的原因中找到。这两个命题的逆命题至少在实践中不成立，即产生的结果可能比原因更加对称……不存在没有原因的结果。结果是需要一定程度的不对称才能

皮埃尔·居里，摄于 1878 年。

引发的现象。如果不对称性不存在，这种现象也不能产生。这一事实，常常使我们免于迷失方向，去寻找无法实现的现象。"

皮埃尔·居里
《作品全集》，当代档案出版社，1995 年

对超自然现象的某种好奇心

欧萨皮亚·帕拉第诺是 20 世纪初意大利一位著名的通灵师，她在世界各地游走，声称自己可以"在活人和死人的世界之间建立联系"。一些学者对她颇感兴趣，特别成立了心理现象研究小组和一般心理学研究所，柏格森、弗拉马利翁和居里夫妇都是其中的成员。

……我们在心理学会和通灵师欧萨皮亚·帕拉第诺开了几次会。这实在太匪夷所思了，我们所看到的这些现象对我们来说，确实无法从表面解释，

桌子四腿悬空，隔空取物，无形的手在捏你、抚摸你，还有奇怪的光影。所有这些都发生在一个由我们准备的房间里，房间中有少数观众，观众间彼此都相识，不可能与通灵师串通一气。如果说这些现象确实存在，那么如何以一种系统的方式对其进行研究，实验不太方便实施。我想看看灵媒周围的空气是否被电离了，可一个小风扇就足以干扰灵媒，使其无法工作。另一个困难之处在于，即便灵媒知道如何产生某些现象，但她仍会试图作弊，因为这样更省力。……

皮埃尔·居里写给乔治·古伊的信
1905 年 7 月 24 日

"令人钦佩的精神觉醒者"

皮埃尔·居里是一位不被荣誉冲昏头脑的科学家，在他突然离世后，所有与他有过接触的人，借此机会表达了钦佩之情。他在巴黎高等物理化工学院的学生们对他的爱戴之情足以证明，这位老师"能使他身边的人变得更好"。

……谁能想到如此倔强的灵魂之下，隐藏着这么多柔情？面对被教导要遵守的普遍原则和特殊精神准则，他从不妥协，他只遵从于绝对真诚的准则，这一标准对我们所生活的世界来说，也许太高了些。我们在人性弱点的驱使下，容易做出种种妥协，他从不会这样做。他并没有把对这一准则的崇拜和对科学的崇拜分开，他用自身的光辉例证向我们展示了，从对真理简单而纯洁的热爱中可以产生多么崇高的责任感。一个人信奉什么神并不重要；创造奇迹的从来都不是神明，而是信念。

亨利·庞加莱
《科学院报告》第 142 卷，第 940 页
1906 年 12 月

……在我的学生时代，最美好的回忆就是那些站在黑板前的时光，他喜欢在黑板前和我们交谈，启发我们一些富有成果的想法，谈论工作，培养我们对科学事物的品位。他活泼而富有感染力的好奇心，以及他所掌握知识的广度和确定性，使他成为一位令人钦佩的启蒙者。

保罗·朗之万

《月度回顾》，1906 年

"教育合作社"

皮埃尔去世后，玛丽和她的朋友们，为自己家中十几岁的孩子们创办了一所私立学校。家长们根据各自的能力分配要教的不同科目：让·佩兰教化学，保罗·朗之万教数学，佩兰夫人和夏凡纳夫人、雕塑家马格鲁和穆冬教授分别教授文学、历史、现代语言、自然科学、绘画，玛丽·居里教物理。这一倡议被称为"教育合作社"，表明了他们对传统学校和教育模式某种程度的不信任。

观察，思考，实验……

在 1937 年献给母亲的传记中，玛丽的小女儿艾芙讲述了这段独特的教学经历，由于家长们工作过于繁忙，这次教育合作实际上只持续两年便结束了。

在玛丽的推动下，一项教育合作计划应运而生。在这项计划中，这群伟大的思想者将他们的孩子聚集在一起，对他们采取了一种全新的教育方法。

一个激动人心、充满乐趣的时代开启了。十几个男孩和女孩每天只听一堂课，由一位精英大师讲授……每星期四下午，玛丽·居里在物理学院的一个废弃房间里给孩子们讲授基本物理知识，这恐怕是在这间教室里上过的最简单、最基础的物理课了。

这群学生中的一些人，长大后也成了知名的学者。令人兴奋的课程和玛丽的亲近随和、友善体贴让这群孩子赞叹不已，难以忘怀。玛丽赋予了教科书中抽象、乏味的物理现象最生动形象的说明。

……一个钟摆在熏黑的纸上留下有规律的振荡痕迹。一个由学生自己制作和标出刻度的温度计，能够像官方制作的温度计一样精准工作，孩子们对此感到非常自豪。

　　玛丽向他们传达了她对科学的热爱和勤奋学习的态度。她还向他们传授了自己的工作方法。作为一名心算大师，她坚持让学生们也练习心算，她对学生们说："要练到永不算错的程度，秘诀就是不要贪快。"

艾芙·居里

《居里夫人传》，伽利玛出版社，1938 年

玛丽的课程

　　伊莎贝拉·夏凡纳是合作社中的一位年轻学生，她的父亲是法兰西学院中文系的主任，母亲是合作社的英语和德语教师，她将在玛丽课堂上记下的笔记存放在一个黑色的活页夹里。后来，这本活页夹中的内容被编辑出版。

喷水试验（1907 年 2 月 3 日）

　　"你们将看到一个非常有趣的实验。"

　　居里夫人把一种叫作荧光素的粉末放进了水里。粉末放入的一瞬间，我们看到水中出现了一条条像草一样的痕迹，随后，整瓶液体变成了美丽的绿黄色。

　　居里夫人说："我们要用这些美丽的

水做一个连通器。"所有孩子都兴奋地睁大了眼睛。

她把荧光素溶液倒进了刚才拿来的形状各异的连通器里。水在细长管和锥形管中上升到了相同的高度。细长管与锥形管保持连通，居里夫人把细长管放低了很多，而水在细长管里仍要与锥形管保持相同的水平高度，所以，细长管的顶端喷出了一股美丽的绿色水流。看到这一幕，孩子们惊叹连连。

"我们厨房里的水，就是这样从水龙头里流出来的，你可以随意控制水龙头的开关。水龙头通过一根细筒或管道与放置在很高位置的水箱相连，这条管道和水箱就形成了两个连通器。"

阿基米德原理（1907年2月10日）

"这里有三根试管，每根里面各有一个鸡蛋。试管 A 里面装有水，鸡蛋的密度比水大，所以会沉到试管底部。试管 B 中是放了少许盐的盐水，盐水的密度和鸡蛋一样大。试管 C 中是放了更多盐的盐水，这根试管里的鸡蛋漂浮在了水面，因为它的密度比盐水小。"

"一个鸡蛋能漂浮在盐水上，是因为它在盐水中减轻了部分重量。你们有些人会游泳。人可以漂浮在水中，却不能飘浮在空气中，这是因为人体在水里也减轻了一部分重量……"

居里夫人让所有的孩子跟着说：

"当人体浸入水中时，体重会比在空气中时要轻。"

"水对人体有从上往下和从下往上的推力，但从下往上的推力更大，所以身体能在水中浮起来。"

……

"当伊雷娜完全浸入水中时，她的身体减少的重量，与自己的体积那么多水的重量相等。"

"让我们再来看一个好玩的东西。这是一个装满液体的瓶子……"

伊莎贝拉·夏凡纳
《玛丽·居里的课堂》，1907年收录
法国 EDP Sciences 出版社，2003年

玛丽与伊雷娜的通信（1905—1934）

在《欧洲》杂志刊登的一篇文章中，伊雷娜·居里谈道，当她和母亲分隔两地时，两人便会通过书信交流。"大多数信件都非常简短，写信只是为了弥补所爱的人不在身边时产生的感情需要。有时谈及各种各样有趣的话题时，我们的信便会长一些。"无论长短，这些书信流露出两人之间浓浓的依恋之情。

　　假期刚刚开始，母女俩就开始了信件交流。朗之万事件爆发之后，玛丽从1911年到1913年，很长一段时间不在巴黎，母女俩在此期间进行了大量的书信往来。

　　　　　　　　圣帕莱

　　　　　　　1910年7月31日

亲爱的妈妈：

　　最近海鲜的个头很大，所以我一直在捕虾。

　　昨天我自己一个人洗的澡，因为姑妈去圣帕莱上游泳课了。海浪很大。姑妈没能上成游泳课，而我被有史以来最大的一个海浪拍到了后背。

　　给我写信；如果你没时间给我写信，就给我写明信片吧。

玛丽和伊雷娜，摄于1904年。

une prairie.
1-2-3-4, brebis,
5, berger.

Ma chère bonne m[è]

Je pêche beaucoup de bou-

-quet et hier j'ai partagé ave[c]

Madeleine un joli petit homar[d]

excellent. Je suis très [con]tente

d'être là à la mer et je fait

de très beau fort dans le

sable, [...] de très belles écor-

chures, égratignures et érafle-

rent à mes membres, tout

les matins je vient prendre

mon petit déjeuner piedsnus.

天气相当好。

我迫切需要一篇关于导数的概述。

爱你的伊雷娜

伦敦

1913 年 9 月 15 日

亲爱的伊雷娜：

我刚收到你的信，得知你生日那天收到了我的信，我很高兴。真希望那天能和你在一起。我代你感谢了莫莱小姐的好意，但你可以再给她写张卡片表达谢意。

你的表哥带你们去散步了，替我好好谢谢他，注意别让小艾芙太累了。你表哥为了陪你们玩，自己都没去跑步，他真是太好了。

你必须和瓦伦蒂娜联系，确保她在你们回家之前赶回巴黎，我在给你叔叔写的信里也说过这件事了。我只是随口一提，这不是什么大事，因为除非天气太差，否则我一定能比你们先回家。我打算在英国待到 9 月 25 日左右，但如果瓦伦蒂娜不能按时回去和你们会合，我会早点回来的。我们可以通过信件和电报联系。

我的这次伯明翰之行很愉快。我受到了很好的接待，还参加了学位授予仪式，你一定喜欢看。我和辛苦工作的同事（我指的是其他被授予了博士学位的科学家们）一样，穿上了一件漂亮的红色长袍，上面有绿色的镶边。我们每人听了一小段表彰各自成绩的总结讲话，然后副校长逐个向我们宣布，学校正式授予我们博士学位，我们各自在看台上就座。最后仪式结束，大学里所有的教授和博士都穿着差不多的衣服，排成一列长队向门口走去。一切都很有趣；我郑重承诺，遵守大学的规章制度。拍照自然也必不可少。我会把报纸文章和照片寄给你，或者回家时带给你。

我在伯明翰住在英国人的家里，所以不得不一直说英语。我的英语进步神速。我跟你说几个在场的科学家名字，你可能会感兴趣。有你认识的洛伦兹先生、卢瑟福先生，还有索迪先生，你在咱们家见过。除了一个我几乎不认识的工程师拉勒曼先生，我是唯一一个从法国来的人。

温柔地吻你。

玛丽

1913 年 11 月

亲爱的妈妈：

听说你病得这么重，我很难过。我向你保证，我真心实意地诅咒这次开幕仪式；不幸的是，你无法拒绝，不顾自己身体健康前往。我希望你至少能够做出正确的决断，不要让这些人打扰你。

莫里斯不小心被热的氰化钾溅到了脸上，还好伤得并不严重，他的脸和脖子上只有六七处小烧伤；一滴氰化物轻微烧伤了他的两个眼睑，万幸的是，眼睛里面没被溅到；如果他没能及时闭上眼睛，这双眼睛就要瞎了。事故发生后的第二天，他就回到了实验室照常工作，他的身体没什么大恙，烧伤也几乎看不出来。

我用力地拥吻你，亲爱的妈妈。

你的大女儿
伊雷娜

　　1914 年的暑假，玛丽·居里在布列塔尼的阿古埃斯特租了一栋别墅，紧挨着瑟诺博司家的别墅和一群朋友：波莱尔、佩兰、夏凡纳。七月份时，伊雷娜、艾芙、她们的家庭女教师以及一个厨师一起住在那里。玛丽本打算八月份去找她们，但战争的爆发打乱了她的计划。

阿古埃斯特
1914 年 7 月 24 日星期五

亲爱的妈妈：

我们先从正事说起吧。

今天早上我收到了你的信，下午我去了雷纳·卡迪克家。她家没有房间了，但她可以在离我们很近的房子里租一个房间，不带食宿。租金是一天一法郎，所以安德烈得来咱们家吃饭。

这双大鞋特别适合在雨天穿；我穿起来感觉很方便。

我去度假前，把《金》借给了莫里斯；也许他已经读完了。

指数函数倒没有让我太烦躁；之前我怎么也搞不懂，为什么它等于 ex，但现在我明白了。在计算误差时，我用 6 个项（小数点后 3 位）对 e 进行了近似计算，我发现这 3 个有效数字与给出的 e 值一致。

导数学得很顺利；反函数很可爱，很有趣。相反，一想到罗尔定理和泰勒公式，我就头皮发麻。最让我困惑的是，这些人先是泰然自若地用 n、m、p 给出一个定理，然后你就看到一个标题：推论。然后这个推论能推上好几页，可在我看来，第一个定理就已经能涵盖所有情况了。

今天早上，我和马尔泰小姐（梅廷太太的妹妹）一起划了船；真是太有意思了。瑟诺博司先生也和我们一起去了。

今天下午，我坐了蔷薇花号轮船。风浪很大。我站到船头想保持平衡，然后就被飞溅的浪花浇成了落汤鸡。

等你来时我会很高兴的。到目前为止，这所房子里有点嘈杂，但住起来相当舒适。我感觉好像又回到了你去布鲁塞尔时，我们在巴黎的情景，只是，家里的谈话变得越来越愚蠢了。你的到来一定会给这里带来一些智慧，这是你拥有的特殊属性之一；有你在身边的时候，我们肯定会克制一些，不敢再胡说八道了。

我很想见你，亲爱的妈妈。睡觉之前不能亲吻你，真让我难过。但是，如果你觉得还需要治疗休养一段时间，请不要犹豫，治疗最重要，晚一点再来也无妨。你知道的，你的健康是最重要的事情。

艾芙学习很刻苦。她不喜欢做算术，但不要因为这个说她，因为其他学科她真的都学得很刻苦，连德语也不例外。我想，在学习上我们还是尊重她自己的意愿就好，如果我们现在坚持要她算术，也许会打击到她对学习那份难能可贵的热情，那就太得不偿失了。等她的任性劲儿过去之后，或许很快就能喜欢算术了。

拥吻你。

伊雷娜

留在巴黎的玛丽，在伊雷娜生日那天给她寄了一张便条。

巴黎

1914 年 9 月 12 日星期六

亲爱的伊雷娜：

今天，我特别想好好地吻你。我在远方怀着温柔的心情思念着你，我给你寄了一张照片，上面是我现在工作的医院。希望我们能很快再见面，我 17 岁的甜心小宝贝。

我全心全意地拥抱你。

你的妈妈

战后，居里一家又一次来到阿古埃斯特度假。

母女之间的关系因她们在战争期间的共同经历而变得更加亲密。

巴黎

1921 年 9 月 10 日星期六

我亲爱的伊雷娜：

我收到了你周四的来信，我把这封信寄给你，我的女儿，祝你在阿古埃斯特度过美好的一天，也祝你 24 岁生日快乐。在今天这样的场合，我怀着最最温柔的心情思念你，我平时并不会这样，我从未像今天这样强烈地想要拥吻你，这种心情比我们之前共度的每一天都要强烈。我平静地认为，在阿古埃斯特你会度过一个比在巴黎更快乐的生日，所以我为你感到高兴，这也稍稍减轻了我们没有在一起而感到的遗憾。

你知道的，我的孩子，你是我的好朋友，你让我的生活变得更加轻松和甜蜜。我非常感谢你的到来，希望即将开始的一年的工作，能够给我们带来宝贵的满足感。想到你的微笑和永远快乐的脸庞，我就能以更大的勇气投身到工作中去。让我们期盼工作中不会遇到太大的困难，就算有，我们也能克服这些困难。

很遗憾，假期没能按照你期望的样子结束。我知道，你想见见你的朋友弗朗西斯和皮埃尔·奥杰。但艾芙回来是对的，因为她还面临一项严肃的任务，要为她的中学毕业会考复习准备，她在阿古埃斯特没法像在巴黎那样专心致志地复习。如果你真的想在 9 月 16 日去南方前见我一面，也许你可以在 9 月 14 日早上和艾芙一起回来，9 月 16 日晚上再回到阿古埃斯特，在那里再待一个星期。我很乐意为你的这趟奔波买单……

我深深地拥抱你，我亲的伊雷娜，不久见。

你的妈妈

20 世纪 20 年代，玛丽·居里和让·佩兰在阿古埃斯特度假。

阿古埃斯特

1921 年 9 月 11 日星期日

我亲爱的妈妈：

我收到了你温柔甜蜜的来信。我很高兴你觉得我在某些事情上做得不错，因为我太想让你的生活轻松一点了。当你不在我身边时，我总觉得生活中少了些什么，我很乐意在你南下之前再去吻你一次。

谢谢你建议我回到阿古埃斯特再待一个星期。我会考虑一下是否要这样做，但总的来说，我应该不会再回来一趟了。一回到巴黎，就有一大堆事情等着我去做。另一方面，这几天极好的天气似乎正在变坏（从现在到我们离开之前，它还有三次变天的时间）。我再看看吧。

爱丽丝前天回来了。我们的小老鼠状态很好，总是在花园里跑来跑去。我们把它放回篮子里时，它会怎么想呢？它圆头圆脑，毛色黑黑的，总是在我那儿睡觉，而且一副理所当然的神态。

这些天，我们没做任何有意义的事情。今天早上，罗克弗拉斯的水相当冷，但很舒服。让和我一直在研究蛙泳，并取得了一些进展。我想，明年我应该能游得快一些了。不过，我想我应该不会用这种泳姿进行长距离游泳。

再游三四次，我们就要离开这儿了！哦，一想到这样的事就让我心烦。拥抱你。

伊雷娜

收录于《玛丽与伊雷娜·居里书信选集，1905—1934》，
齐格勒（编），吉尔伯特（编辑），
巴黎，法国联合出版社，1974年

玛丽·居里、伊雷娜和艾芙在阿古埃斯特乘船游玩归来。

玛丽·居里与阿尔伯特·爱因斯坦在国际联盟

爱因斯坦和玛丽·居里于 1911 年在索尔维大会上相识，此后他们一直保持着友谊和尊重，甚至还在 1913 年，带着各自的孩子一起在瑞士度假。1922 年，两人都被邀请成为国际联盟知识合作委员会的成员。该委员会在第一次世界大战结束后成立，目的是促进因战争而中断的知识文化交流。

巴黎

1922 年 5 月 27 日

亲爱的先生：

您同我一道被邀请成为国际联盟知识合作委员会的委员。我想知道您是否接受了邀请。在我看来，如果我们怀有坚定的信念，希望为社会提供一些真正的服务，我们两个可能都应该接受。我们共同的朋友（朗之万）也持同样的观点。但我仍不清楚委员会的运行方式以及它所履行的职责。我很想知道您对此有何看法。我只是感觉这个国际联盟虽然无法做到尽善尽美，却是未来的一点希望。

请接受我最诚挚的祝愿，

玛丽·居里

柏林

1922 年 5 月 30 日

女士：

虽然我不知道即将成立的委员会能取得什么成果，但经过简短的考虑，我已同意加入。因为，毫无疑问，在这一努力的背后透露出一种国际携手的愿望；为了使其更具影响力，我们必须正确地运用这一机构。相信我，如果您也同意参加，我将感到非常高兴，我知道我们已经就这类问题达成了一致。

向您和您亲爱的朋友们致以诚挚的问候。

阿尔伯特·爱因斯坦

（1922 年 6 月 24 日后）

亲爱的居里夫人：

您最近询问我有关国际联盟委员会的问题，我当时告诉您，我同意成为该委员会的成员，并请您也接受邀请。我对这项事业重要性的看法并没有改变。但遗憾的是，我认为自己不得不辞职，我觉得有义务立即通知您这一决定，并告知您我辞职的理由，但请确保委员会以外的人不会知道。在德国外交部长拉特瑙不幸逝世之际（1922 年 6 月 24 日被一个反犹太组织谋杀），我多次感到，社会各界对于我加入国际联盟一事表达了非常强烈的反犹太主义情绪，从总体上来说，在这种舆论之下，我不适合出任代表或调解人的角色。我想您一定完全理解。

每每回忆起我在巴黎与您、朗之万和您友好的同事们共度的美好时光，我的心情总是十分愉悦。尤其感谢朗之万，我不会忘记他感人的关怀……请向他问好，转达我诚挚的问候，也向您致以亲切的问候。

阿尔伯特·爱因斯坦

玛丽·居里和爱因斯坦在日内瓦参加国际联盟知识委员会会议。

1922 年 7 月 7 日

我收到了您的来信，感到非常遗憾。在我看来，您给出的退出理由并不令人信服。正因为存在着危险和负面的舆论倾向，所以才必须与之斗争……

玛丽·居里

1922 年 7 月 11 日

我能理解，您不同意我的决定，甚至觉得这个理由无法理解。知识分子群体中出现了一股难以形容的反犹太主义浪潮，这种情绪愈演愈烈。一方面，犹太人在公共生活中发挥的重大作用，与其实际较少的人数不成比例；另一方面，许多犹太人（例如我）正在为国际事业而战。正是这个原因，从纯粹客观的角度来看，一个犹太人不是作为德国知识分子和国际知识分子之间纽带的合适人选，而应该选择一个被认为是"真正德国人"的人担当此任……

阿尔伯特·爱因斯坦

玛丽·居里与波兰

玛丽·居里一生都未曾与她的祖国切断联系：她的两个女儿会回到波兰过暑假，表兄弟姐妹们也会来法国度过夏天，玛丽和她的弟弟、姐姐以及她的高中朋友们经常通信。1919 年，波兰重获独立，居里夫人终于得以和祖国建立真正的科学合作。

"波兰人无权放弃波兰"

1894 年夏天，皮埃尔问玛丽在波兰度假结束后是否会回到法国，她做出了如是回答。正是这种信念，使她面对皮埃尔的求婚时犹豫不决。

当你收到这封信的时候，你的玛丽亚已经更改了姓名。我要嫁给去年在华沙跟你说过的那个人。永远留在巴黎对我来说痛苦异常，但我又能怎么办呢？命运使我们彼此爱恋，密不可分，一想到要分开，就会令我们痛苦难当。我没有写信告诉你是因为这是一个非常突然的决定。整整一年，我犹豫不决，不知道该怎么办。最后，我接受了定居巴黎的想法。

写给朋友卡齐亚的信
1895 年夏天

虽为法国人，但玛丽从未忘记波兰

1903 年，玛丽和皮埃尔·居里把一部分诺贝尔奖奖金捐给了布洛妮娅的丈夫卡齐米尔兹·德卢斯基，帮助他建立了扎科帕内疗养院。1912 年，玛丽打算以巴黎的镭学研究所为样本，在华沙也建立一个镭学研究所，但当时一切尚在计划之中。1913 年 11 月，玛丽·居里访问了波兰首都。俄罗斯当局故意忽视她的来访，没有官员参加为她举行的庆祝活动。玛丽有生以来，第一次在座无虚席的房间里用波兰语发表科学演讲。

在离开之前，我会尽我所能为这里服务。星期二，我做了一场公开演讲。我还参加了各种会议，后面还会继续参加。我感受到了一股必须履行的善意。这个被野蛮和荒唐的统治所迫害的贫苦国家，在捍卫其精神和文化生活方面确实做了很多努力。也许有一天，压迫终将消退，我们必须坚持到那个时刻。但这是多么恶劣的生存环境！多么困难的局面啊！我又看到了那些留有我童年和青春回忆的地方。我又看到了维斯杜拉河……这次返乡之旅既甜蜜又悲伤，让人情不自禁想要回到这里。

讲话引自艾芙·居里所著《居里夫人传》

波兰终于独立了！

1919 年，波兰成了一个主权国家，玛丽的喜悦无以言表。

我们这些"出生在奴役中，从摇篮里就戴上枷锁"（引自密茨凯维奇的《撒迪厄斯》）的人们，终于看到了梦寐以求的国家重生。我们本以为自己不能活着看到那一刻了，还认为，也许只有我们下一代才能等到它，可如今国家的重振居然就在眼前！的确，我们的国家为了今天的幸福付出了高昂的代价，而且它将继续为此付出代价。战后的波兰仍然被锁链束缚，支离破碎，但我们能把目前阴云密布的局势，与我们曾经感受到的痛苦和沮丧相提并论吗？所以和你一样，我对未来充满信心。

写给哥哥约瑟夫·斯科洛多夫斯基的信
1920 年 12 月

华沙镭学研究所

波兰的独立赋予了镭学研究所项目新的意义。艾芙讲道。

两次，三次，四次波兰之行⋯⋯自从波兰再次获得自由独立以来，玛丽一直为一个伟大的项目魂牵梦绕：在华沙建立一个镭学研究所，这里将成为科学研究和癌症治疗中心。但她的坚持不足以克服重重困难。刚刚从长期奴役中恢复过来的波兰，积贫积弱，不但缺乏建立研究所所需的财力支撑，同时也缺乏必需的技术人员⋯⋯

1932 年，居里夫人为华沙镭学研究所揭幕奠基。

玛丽只发出了一声召唤，一位坚定的盟友就来到了她的身旁。布洛妮娅虽然年事已高，但仍像三十年前一样热情勇敢，马上投入了研究所筹建的工作中。她一人兼任建筑师、推销员、会计员……这个国家很快到处都是印有玛丽头像的邮票。研究所面向大众筹款，或者更确切地说是筹钱买砖，"买一块砖帮助建造玛丽·斯克洛多夫斯卡－居里研究所……"砖块越来越多。1925年，玛丽来到华沙，为研究院奠基。这是一次凯旋之旅，其中饱含了对过去的回忆和对未来的承诺…… 在一个题为《我们美丽而独立自主的波兰共和国的第一夫人》的演讲中，全体人民热情高涨。岁月流逝，砖块变成了研究院的砖墙，但玛丽和布洛妮娅的辛劳仍未结束。虽然姐妹两人都捐出了自己的一些积蓄，但仍没有足够的钱购买急需的镭……玛丽没有失去勇气：她转而向美国求助，这个国家曾经给予过她一次慷慨的帮助……继1921年之后，1929年10月，玛丽又一次踏上了前往纽约的征途……1932年5月29日，玛丽·居里、布洛妮娅·德卢斯卡和波兰这个国家共同的事业终于迎来了圆满的结局。在波兰共和国总统、居里夫人和勒戈教授的共同见证下，宏伟的华沙镭学研究所正式揭幕……这也是玛丽最后一次来到波兰。

　　　　　　　　　　　　　　　　　　　　　　　艾芙·居里《居里夫人传》

美国之旅

1921 年，玛丽·居里在美国进行了为期六周的巡回演讲，接受了"美国妇女们"集资送给镭学研究所的一克镭。尽管身体虚弱，她还是参加了以她的名义而组织的抗癌主题媒体宣传活动。

"为了全人类的利益"

这次美国之行由一位名叫玛丽·梅洛妮·布朗的记者组织，她的朋友们都叫她米西，她说动了不愿意与媒体接触的玛丽·居里，获得了一次宝贵的采访机会。

这位美国女记者来巴黎采访时，问居里夫人："如果能许下一个愿望，您希望获得什么？"玛丽·居里回答说："一克镭，供我继续研究。"有人提醒她的发现使一些人赚了几百万时，她回答说："我将镭的提炼方法公之于众，不是为了少数人发财，而是为了全人类的利益。"这就是这位最伟大的女性科学家的故事，她给世界带来了价值数百万美元的发现，而她自己作为教授的月薪，仅为 200 美元。

安娜·维特尼·海伊

《纽约邮报》，1921 年 5 月 29 日

在这次出行期间，玛丽发表了许多演讲，并应米西之邀，写了一本关于皮埃尔的传记和一本自传（这本自传从未被翻译成法文）。她还谈到了她和皮埃尔本可以将自己的发现申请专利的话题。

镭的发现之所以受到美国人的如此欢迎，不仅仅因为它的科学价值和在医学领域的重大用途，还因为这一发现被其发现者毫无保留，并不计任何物

右图为玛丽·居里与卡农斯堡工厂经理路易斯·F.沃格特（左）和标准化学公司总裁詹姆斯·C.格雷（右）。

质回报地赠予了全人类……

　　放弃利用我们的发现，意味着我们放弃了本可以留给自己孩子的巨额财富。我不得不经常向我们的朋友解释这样做的原因，他们说的也不无道理，如果当初我们保障了自己作为镭发现者的权利，由此而得的财富，将能够支持我们建立一个令人满意的镭学研究所。但我仍然相信，我们这样做是正确的。

　　毋庸置疑，人类需要一群务实者，他们竭尽全力从自己的工作中挖掘出最大的利益，在维护自身利益的同时，又不忘普罗大众的福祉。

　　但人类也需要一群梦想家，对他们来说，无私地发展一项事业是最大的追求，为此，他们可以牺牲自身的物质利益。

　　也许这些梦想家终其一生也无法拥有巨额的财富。但是，一个组织架构良好的社会，应该为这些辛勤劳动的人提供有效的物质支撑，使他们能够在不为生计发愁的情况下完成自己的工作，放开手脚为科学研究贡献一生。

玛丽·居里

自传笔记，1921 年

参观卡农斯堡工厂

在被媒体采访和交际占据了大部分时间的美国之行中，玛丽·居里并没有忘记她同意来到美国的目标：镭学研究所。她一直渴望与工业界建立联系，所以在此行中，安排了参观位于宾夕法尼亚州卡农斯堡的标准化学公司工厂的行程，这个工厂就是提炼、生产镭的地方。

卡农斯堡工厂由约瑟夫·弗兰纳里（1867—1920）于1909年创建。弗兰纳里是一位进取心十足的企业家，他最初经营一家机车锅炉厂，后来，转而生产用钒汞合金制成的抗性极强的钢材（这种材料被用于制造巴拿马运河的船闸门）。1909年，弗兰纳里得知，他姐姐的癌症病情可以通过镭疗法改善，但当时在美国没有足够的镭，于是他决定自己生产姐姐治病所需要的镭。1911年，他从美国钒业公司引退，创立了标准化学公司。

他用的矿石不是沥青铀矿，而是在科罗拉多州西部帕洛多克斯河谷的一个矿场中开采出的一种含有钒、镭和铀的钒钾铀矿。这意味着，将钒钾铀矿运到宾夕法尼亚州的运输费用，将大大增加矿石的开采成本。"精矿"被加工成粉末，就地装在袋子里，然后经过一段漫长的运输，先是用货车和卡车沿着旧时征服西部的古道路运输，然后换火车走上一小段，每次换车都需要进行工程浩大的转运。不难看出，在这种艰难的运输情况下，这种矿石很快变得无利可图，尤其在加丹加（当时是比利时殖民地）发现了矿产更丰富的矿床之后，情况更糟。1923年，工厂被迫关闭。

弗朗西斯·巴里巴尔

镭的危害

20 世纪 20 年代，公众开始对镭的危害日渐警惕。美国一家发光表盘工厂的员工中多次出现事故，与法国发生的事故如出一辙。玛丽·居里本人在 1920 年 11 月给姐姐布洛妮娅的一封信中怀疑镭就是造成她健康问题的罪魁祸首。"镭可能与这些不适有关，但还不能确定……一定不要和任何人说起这件事，避免消息泄露造成恐慌。"

镭女孩

1922 年，美国一家腕表制造厂的年轻女员工们，是因在工业生产中接触镭而患病的第一批受害者，因为腕表的表盘上涂抹了放射性油漆使其发光。

凯瑟琳·肖布是最早将她的疾病与手表表盘的油漆联系起来的那批人之一。

凯瑟琳·肖布 1902 年出生于新泽西州的纽瓦克。和大多数镭漆受害者一样，她来自一个相对富裕的工人阶级家庭（她的父亲和兄弟都是技术工人）。大多数镭的受害者都出生在美国，他们的父母也都是土生土长的美国人；但其中，三分之一的受害人是第一代移民，她们的年龄在 15 岁到 20 岁之间，仍然和父母住在一起。

对 20 世纪初的工人来说，死亡和疾病犹如家常便饭，致使出现了同一家族的多个家庭在同一屋檐下群居的普遍现象，比如凯瑟琳·肖布就和她的父母、四个兄弟姐妹、祖父和表妹艾琳·鲁道夫住在一起，表妹的父母都去世了。

1917 年，凯瑟琳和艾琳受雇于镭发光涂料公司，在新泽西州奥兰治的钟表和表盘油漆车间工作。这家公司由奥地利医生兼物理学家萨宾·冯·索霍尔斯基创立。索霍尔斯基最初对含镭的药物很感兴趣，后来他开发了一种含有微量镭的发光涂料，这种涂料通过发射 α 粒子使其中的锌盐发光。整个制作过程非常廉价。

这种镭漆是第一次世界大战的副产物。1914 年，士兵们戴着怀表上了战场，事实证明，怀表不适合在战壕里爬行。因此，军队为士兵们配备了带有发光表盘的手表，以便在夜间同步行动。参战的美国士兵们回到家后，仍然钟爱这种比老式"凸蒙怀表"更方便的发光腕表，因此在美国催生了一个发光腕表的消费市场。1920 年左右，这种时尚也蔓延到了女性群体中。

镭漆厂的工作条件相当舒适，工资丰厚，年轻的工人们也对给士兵制造手表一事相当积极。晚上下班离开车间之前，女工们还会用镭漆涂抹自己的牙齿，好在回家后给她们的爱人献上一个在黑夜中闪闪发光的微笑。

在镭漆车间里，工作节奏并不紧凑，因为这是一项精细的手艺活。涂漆的刷尖必须尖细异常，才能精确地画出表盘上的数字。因此，工人们渐渐领悟出一个让刷子尖变得极为精细的"诀窍"：把刷子用嘴巴舔湿，使刷毛聚拢。镭发光涂料公司的董事们，保证这种操作没有任何危险；而且，他们可能确实也是这样认为的，毕竟当时人们都处在极度追捧镭的疯狂之中。

有一天，凯瑟琳·肖布发现自己的脸上布满了红点。她去看的第一个医生问她在工作中是否会接触到磷。当时，人们已经知道（用于制造火柴的）磷会导致人中毒。凯瑟琳·肖布将漆绘数字的"磷光现象"和磷联系在了一起。她把这件事告诉了她的朋友们，一时间，众人惊慌失措。得知此事后，管理层在每个工位上配备了一碗水，但这样会浪费大量的镭漆，水很快被撤走了。

不久之后，凯瑟琳的表妹艾琳患了牙痛，随后整个下巴感染。牙医将其诊断为"口腔坏死"，无论诊断是否准确，最后这一疾病导致了艾琳的死亡。新泽西州劳工部随即展开了一项调查，并得出结论，艾琳的死亡与镭有关，建议告知女工们她们面临的危险。但工厂并没有采取什么措施。

随着投诉的增加，新泽西州卫生服务部门的一名官员与消费者协会——在 20 世纪的头几十年里，这个引领了行业自由主义的机构，曾多次干预工业健康问题——取得了联系。他还联系了美国劳工法协会，该协会的座右铭是"社会正义是防止社会混乱的最佳保障"。

　　五名工人在各种组织的支持下，发起了一场旷日持久的艰难诉讼，直到1935 年，这场诉讼终于获得了胜利，镭漆工人们的疾病和死亡被定性为"职业病"。虽然获得的赔偿（总额）仅为 10000 美元，但法院的裁决开创了一个先例，确立了工人向雇主提出诉讼的权利。但在此期间，奥兰治的多位女工因镭丧命，其中也包括凯瑟琳·肖布。

摘自克劳迪娅·克拉克

《镭女孩：妇女与工业卫生改革，1910—1935》，

北卡罗来纳大学出版社，1997 年

"致敬伟人，感恩的祖国"

1995 年 4 月 20 日，在一场倾盆大雨中，皮埃尔和玛丽的骨灰被移至先贤祠。骨灰转移仪式，由当时的法兰西共和国总统弗朗索瓦·密特朗和波兰总统莱赫·瓦文萨共同主持。伴随着巴赫 D 大调第三组曲的乐曲，皮埃尔和玛丽·居里大学（巴黎第六大学）的学生们抬着二人的灵柩，缓缓走上了苏夫洛大街。两百名来自索镇玛丽·居里中学的学生，怀抱着各种原子的化学符号，站在道路两侧，向两位伟人致敬。

将皮埃尔·居里和玛丽·居里的骨灰移至法国人民集体记忆的圣殿，此举不仅表达了法国对两位科学家的认可和感谢，还在表明这个国家对科学和研究的信念，以及对那些像皮埃尔·居里和玛丽·居里那样为科学和研究奉献力量和生命之人的尊重。

今天的仪式具有特殊的意义，因为先贤祠迎来了我们历史上第一位因自身功绩而获得荣誉的女性。女士（艾芙·居里），距这里几步之遥，在这条以您父母的名字命名的街道上，矗立着镭学研究所的两栋大楼，您的母亲将自己的一生都奉献给了这里。在两栋楼之间，一个不起眼的花园里，居里夫人种下了一丛玫瑰，至今仍在吐露芬芳。离那里不远处是沃克兰街那间简陋的仓库，镭正是在这里被提炼出来的。这两个地方到先贤祠之间的路程如此接近，居里夫妇却为此走过一条漫长的道路，经历了无数的考验与磨难，但也收获了无上的荣耀。

波兰共和国总统先生，如您所知，居里夫人的奋斗之路始于贵国。这个国家命运多舛，凭借坚强的意志克服了无数艰难险阻；这片土地无论在历史还是心灵上，都与我们的国家紧紧相依；在强国环伺的处境中四分五裂，这也造就了这片土地上人民坚毅的性格，千百年来你们一直坚定不移地抵抗，从未放弃。

……这就是科学的美丽和高贵所在：永无止境地将知识的边界向前推进，探究物质和生命的奥秘，从不先入为主地臆测可能的后果。巴斯德制定了一条规则："鼓励科学上的无私精神，这是推动理论进步的动力之一，也是一切实际应用进步的源泉。"

让我们一起遵守这个规则。如果这一驱动力受到阻碍，如果对一切事物怀有的好奇心受到抑制，科学进步便会枯竭。这就是为什么这么多年来，我与许多比我更加德高望重的人，怀有同样的希望，期盼着，基础研究这项人类最激动人心的冒险能够走得更远，并得到当局的支持。是的，像法国这样一个伟大的国家能否继续保持其大国地位，取决于她能否为各种形式的研究提供资源支持。多年来，我与同样肩负这一任务的同仁们一起为这个目标努力，有幸接过继续这一任务的火炬，对我而言是一种无上的荣耀。但接过任务的同时，问题也随之出现：我们是否应该害怕科学冒险，是否应该害怕滋养科学冒险的自由精神？有谁比居里夫妇更能说明这个问题的严重性呢？他们和伙伴们一起发现了物质中闪烁的光芒，发现了生命同时也是死亡的力量……

在结束发言之前，我要向女士您，居里夫妇的女儿，以及其他在场的居里家庭成员致意，您的家族会集了如此多的科学人才，如此多世界公认的天才。你们中的一些，跟随了皮埃尔和玛丽，伊雷娜和她的丈夫的脚步，朗之万家族，以及所有因生活中的因缘际会、更多是因科学的严谨而团结在一起的家庭，你们今天出现在这里，至少代表着你们的家人。我向你们致敬，感谢你们继承了这些伟大的名字，这些名字是伟大法国不可或缺的一部分。

科学的斗争是理性与蒙昧主义势力的斗争，是思想自由与无知奴役之间的斗争。虽然，有时科学上的发现会被引入歧途导致生命的毁灭，但仍然无法掩盖科学自由的本质。为人类减轻痛苦是在增加自由；减少阻碍人类选择自己命运的、物质和精神上的依赖性，也是在增加自由。所以我代表国家感谢你们，正如同我们感谢皮埃尔和玛丽·居里一样。今天，我们有机会在光荣的先贤祠中，增添两位杰出之人的骨灰，我对这一天期待已久。如果在卸职之前，不能在先贤祠中加上皮埃尔·居里和玛丽·居里的名字，我会觉得自己有负于国家。他们二人在人民的记忆中，象征不惜自我牺牲也要追求科学的美好品质。两位的名字将两个友好民族团结在一起，法兰西共和国借此向所有科学的公仆——其中许多人今天就在现场——表达对他们当之无愧的敬意。因为他们见证了人类最高的能力之一，对知识的渴望和创造的欲望。

我代表现在正侧耳倾听的整个国家，感谢皮埃尔·居里和玛丽·居里为我们留下的记忆，感谢他们的家人、他们的追随者，以及所有关心人类可能性的人所保持的追求科学的传统。

弗朗索瓦·密特朗
1995 年 4 月 20 日讲话节选

相关文献

居里一家的著作
（此处仅包含公开查阅的文本）

［1］玛丽·居里：《放射性论著》，2 卷，巴黎：高蒂耶 – 维拉尔出版社，1910 年。

Curie, Marie, *Traité de radioactivité*, 2 vol.Paris, Gauthier-Villars, 1910.

［2］玛丽·居里：《放射学与战争》，巴黎：费利克斯阿勒冈出版社，1921 年。

Curie, Marie, *La Radiologie et la guerre,* Paris, Librairie Félix Alcan, 1921.

［3］玛丽·居里：《同位素学和元素同位素》，巴黎：阿尔伯特布朗夏尔科学出版社，1924 年。

Curie, Marie, *L'Isotopie et les éléments isotopes*, Paris, Librairie scientifique Albert Blanchard, 1924.

［4］玛丽·居里：《1907 年伊莎贝尔·夏凡纳汇编课程 朋友家孩子们的基础物理》，雷祖里：法国 EDP Sciences 出版社，2003 年。

Curie, Marie, *Leçons recueillies par Isabelle Chavannes en 1907. Physique élémentaire pour les enfants de nos amis*, Les Ullis, EDP Sciences, 2003.

［5］玛丽·居里，皮埃尔·居里（1923 年第一版），伊雷娜·约里奥 – 居里 更新：《关于发现钋和镭的实验室笔记的研究》，巴黎：奥迪尔雅各布出版社，1996 年。

Curie, Marie, et Curie, Pierre, (1re éd.,1923) suivi de Joliot-Curie, Irène, *Étude sur les carnets de laboratoire de la découverte du polonium et du radium* (1re éd., 1955), Paris, Odile Jacob, 1996.

［6］皮埃尔·居里：《作品全集》，巴黎：当代档案出版社，1995 年版。其中收录了关于对称性的文章。

Curie, Pierre, *Œuvres complètes*, Paris, Édition des Archives contemporaines, 1995 (1re éd., 1908). Signalé ici pour les textes sur la symétrie.

［7］伊雷娜·约里奥 – 居里：《玛丽·居里，我的母亲》，巴黎：《欧罗巴》，1954 年，第 108 期：第 89—121 页。

Joliot-Curie, Irène, « Marie Curie, ma mère », Paris, *Europe*, no 108, 1954, pp. 89-121.

传记和其他研究著作

［1］洛伊克·巴尔博：《皮埃尔·居里 1859—1906，科学梦想》，巴黎：贝兰出版社，1999 年。

Barbo, Loïc, *Pierre Curie 1859-1906, le rêvescientifique*, Paris, Belin, 1999.

［2］让－路易·巴德旺，亨利·贝克勒尔：《二十世纪的黎明时刻》，帕莱索，巴黎综合工科学校出版社，1996 年。

Basdevant, Jean-Louis, et Becquerel, Henri, *À l'aube du XXᵉ siècle*, Palaiseau, Éditions de l'École polytechnique, 1996.

［3］伯纳黛特·本索德－文森特：《法国镭疗实践的诞生与发展，1902—1914》，丹尼斯－狄德罗大学－巴黎第七大学博士论文，1999 年。

Bensaude-Vincent, Bernadette, « Naissance et développement de la pratique thérapeutique du radium en France, 1902-1914 », thèse,université Paris- Ⅶ Denis-Diderot, 1999.

［4］莫妮克·博尔德里，索拉雅·布迪亚编：《生命的射线：X 射线和放射线在法国的医学应用史》，巴黎：居里研究所，1998 年。

Bordry, Monique, et Boudia, Soraya (dir.), *Les rayons de la vie, une histoire des applications médicales des rayons X et de la radioactivité en France*, Paris, Institut Curie, 1998.

［5］索拉雅·布迪亚：《玛丽·居里和她的实验室——法国放射性科学和工业》，巴黎，当代档案出版社，2001 年。

Boudia, Soraya, *Marie Curie et son laboratoire, Sciences et industrie de la radioactivité en France*, Paris, Éd.des Archives contemporaines, 2001.

［6］让－皮埃尔·卡米莱利，让·库尔撒热：《放射疗法先驱》，雷祖里：法国 EDP Sciences 出版社，2005。

Camilleri, Jean-Pierre, et Coursaget, Jean, *Pionniers de la radiothérapie,* Les Ullis,EDP Sciences, 2005.

［7］欧仁妮·科顿：《居里一家》，巴黎：塞热尔斯出版社，1963 年。

Cotton, Eugénie, *Les Curie*, Paris, Seghers, 1963.

［8］艾芙·居里：《居里夫人》，巴黎：伽利玛出版社，1938 年；"对开本"：1981 年。（这是第一本居里夫人的传记作品，其中载有当时未出版的文献，这部作品文笔上乘，情感真挚，是一部伟大的经典之作：艾芙在书中袒露，作为玛丽·居里的女儿并非易事。）

Curie, Ève, *Madame Curie*, Paris, Gallimard,1938 ; « Folio », 1981.

［9］弗朗索瓦兹·吉鲁：《可敬的女人》，巴黎：口袋书出版社，1981。

Giroud, Françoise, *Une femme honorable*, Paris, Le Livre de poche, 1981.

［10］芭芭拉·戈德史密斯：《玛丽·居里：一位杰出女性的隐秘肖像》。英文译本（美国），伊芙琳和阿兰·布凯夫妇著，巴黎：杜诺德出版社，2006 年。

Goldsmith, Barbara, *Marie Curie : portraitintime d'une femme d'exception*, trad. de l'anglais (États-Unis) par Évelyne et Alain Bouquet, Paris, Dunod, 2006.

［11］安娜·赫维克：《皮埃尔·居里》，巴黎：弗拉马利翁出版社，1995 年。

Hurwic, Anna, *Pierre Curie*, Paris, Flammarion,1995.

［12］米歇尔·拉格斯：《复制的实验：如何恢复第一次放射性测量》，巴黎：《物理学家联盟公报》，2004 年 12 月，第 869 期：第 1677—1703 页。

（皮埃尔和玛丽·居里原始实验的复现。）

Laguës, Michel, « L'expérience reproduite :comment faire revivre la première mesure deradioactivité », Paris, *Bulletin de l'Union des physiciens*, no 869, décembre 2004, pp. 1677-1703.

［13］贝尔纳·勒昂布尔：《玛丽和皮埃尔·居里，科学的结合》，巴黎：阿克罗波勒出版社，1999 年。

Lehembre, Bernard, *Marie et Pierre Curie. Unisdans la science*, Paris, Acropole, 1999.

［14］格扎维埃 – 洛朗·博迪：《玛丽·居里》，巴黎，开心学校出版社，2005 年。为青少年创作的传记。

Petit, Xavier-Laurent, *Marie Curie*, Paris, École des Loisirs, 2005. *Biographie romancée pour adolescents.*

［15］罗莎琳娜·普劳姆：《玛丽·居里和她的女儿伊雷娜。两个女人，三个诺贝尔奖》，英文译本（美国）弗朗辛·德·马蒂诺瓦著，巴黎：贝尔丰出版社，1992 年。

Pflaum, Rosalynd, *Marie Curie et sa fille Irène. Deux femmes, trois Nobel*, trad. de l'anglais(États-Unis) par Francine de Martinoir, Paris, Belfond, 1992.

［16］米歇尔·皮诺：《弗雷德里克·约里奥 – 居里》，巴黎：奥迪尔雅各布出版社，2000 年。

Pinault, Michel, *Frédéric Joliot-Curie*, Paris, Odile Jacob, 2000.

［17］苏珊·奎因：《玛丽·居里》，英文译本（美国），洛朗·穆海森著，巴黎：奥迪尔雅各布出版社，1996 年。

Quinn, Susan, *Marie Curie*, trad. de l'anglais(Etats-Unis) par Laurent Mulheisen, Paris, Odile Jacob, 1996.

［18］皮埃尔·拉德瓦尼：《原子先驱居里夫妇》，巴黎：贝兰出版社，2005 年。

Radvany, Pierre, *Les Curie pionniers de l'atome*, Paris, Belin, 2005.

［19］罗伯特·里德：《玛丽·居里——传奇背后》，巴黎：门槛出版社，"科学点"，1979 年。

Reid, Robert, *Marie Curie, derrière la légende*, Paris, Le Seuil, « Points Sciences»,1979.

［20］亨利－让·舒布内尔：《放射性的自然历史》，《宝石学》杂志特刊，1996 年 6月。

Schubnel, Henri-Jean, « Histoire naturelle de la radioactivité », *Gemmologie*, hors série, juin 1996.

［21］吉尔伯特·齐格勒 编：《玛丽和伊雷娜·居里书信选集，1905—1934》，巴黎：法国联合出版社，1974 年。

Ziegeler, Gilberte (ed.), *Correspondance Marie et Irène Curie. Choix de lettres*, 1905-1934, Paris, Editeurs français réunis, 1974.

小说

［1］佩尔·奥洛夫·恩奎斯特，《布兰奇和玛丽》，阿尔勒：南方文献出版社，2005 年。

Enquist, Per-Olov, *Blanche et Marie*, Arles, Actes Sud, 2005.

［2］让－诺埃尔·芬威克，《舒茨先生的荣誉》，群岛出版社，1990 年。

Fenwick, Jean-Noël, *Les Palmes de Monsieur Schutz*, Archipel, 1990.

仅以英文形式出版的文献

［1］劳伦斯·巴达什：《放射性的发现》，《今日物理学》，1996 年，第 49 卷，第 2期：第 21—26 页。

Badash, Lawrence, « The Discovery of Radioactivity », *Physics Today,* vol. 49, no 2, 1996,pp. 21-26.

［2］克劳迪亚·克拉克：《镭女孩：妇女与工业卫生改革，1910—1935》，北卡罗来纳大学出版社，1997 年。

Clark, Claudia, *Radium Girls: Women andIndustrial Health Reform, 1910-1935,* The University of North Carolina Press, 1997.

［3］玛丽·居里：《皮埃尔·居里，与玛丽·居里的自传体笔记》，纽约：多佛出版

社；伦敦：康斯特布尔出版社，1963 年。其中的自传笔记只以英文形式出版。

Curie, Marie, *Pierre Curie, with theautobiographical notes of Marie Curie,* New York, Dover Publications; Londres, Constable, 1963 (1re publication, Payot, 1923). Les notes autobiographiques n'ont été publiées qu'en anglais.

［4］娜奥米·帕萨科夫：《玛丽·居里与放射学》，牛津大学出版社，1997 年。

Pasachoff, Naomi, *Marie Curie and the Science of Radioactivity*, Oxford University Press, 1997.

期刊特刊

［1］《科学人》杂志，"原子核和放射性"特刊，1996 年 10 月；"科学天才"系列第 9 期，"居里一家，两对放射学夫妇"特刊，2001 年 11 月；2002 年 2 月。

Pour la Science, « Noyaux atomiques et radioactivité », hors série, octobre 1996; collection « Les génies de la science », « Les Curie. Deux couples radioactifs », no 9, novembre 2001-février 2002.

［2］《科学生命手册》，"玛丽·居里"特刊，1994 年 12 月，第 24 期；《居里夫妇：超越神话》，第 51 期，1999 年 6 月。

Les cahiers de *Science et Vie*, « Marie Curie », hors série, no 24, décembre 1994 ; « Les Curie: au-delà du mythe », no 51, juin 1999.

小说和纪录片

［1］《舒茨先生的荣誉》，克洛德·皮诺托导演，1996 年。

Les Palmes de Monsieur Schutz, film de Claude Pïnoteau, 1996.

［2］《可敬的女人》，米歇尔·博斯荣德导演，1990 年。

Une Femme honorable, film de Michel Boisrond, 1990.

［3］《重现的实验》（1998 年，28 分钟），安妮·雷纳尔和理查德·米莱导演，居里研究所和法国国家科学研究中心视听中心制作。

（介绍了如何利用居里博物馆的设备和档案重现居里夫妇的实验。）

L'Expérience retrouvée (1998, 28 min), réalisation Anne Raynal et Richard Millet, production Institut Curie et CNRS Audiovisuel.

［4］《你好，地球：放射性》（1996 年，60 分钟）。弗朗索瓦·蒂塞尔导演，法国国家科学研究中心视听中心制作，第五部，本地电影公司，听看公司，巴黎科学工业城出品。

（这部纪录片介绍了辐射在癌症治疗、诊断、植物生物学（植物同位素富集）和农业食品（食品电离）中的使用方法。）

*Allô la Terre : la radioactiv*ité (1996, 60 min).réalisation François Tisseyre, production CNRSAudiovisuel, La Cinquième, Les Films d'Ici, Écoutez Voir et Cité des Sciences et de l'Industrie.

居里博物馆

居里博物馆位于居里研究所最古老的原址部分：皮埃尔和玛丽·居里大街 11 号的镭学研究所内的居里楼。1911—1914 年间，巴黎大学和巴斯德研究所联合为玛丽·居里建造了这个实验室，直到 1934 年去世前，玛丽·居里一直在这里工作。1935 年，居里夫人的女儿和女婿——伊雷娜和弗雷德里克·约里奥，因发现了人造放射性而被授予诺贝尔化学奖。

居里博物馆既具有纪念意义，同时也展示了科学的发展历史。玛丽·居里的办公室和个人化学实验室被保存下来，参观者置身其中，仿佛回到了居里夫妇那时候的岁月。这些纪念场所周围的参观区域，追溯了放射学的历史及其应用，特别是在医学方面的应用，皮埃尔和玛丽·居里夫妇，以及伊雷娜和弗雷德里克·约里奥－居里夫妇的生平和工作是展示的主要内容。

博物馆内还设有一个历史文献中心，汇集了关于居里夫妇和约里奥－居里夫妇，居里研究所（镭学研究所和居里基金会档案）以及更广泛的放射学和肿瘤学发展历史的档案、文件和照片。

插图目录

006 下	斯科洛多夫斯基的孩子们（从左至右：索菲娅、海伦娜、玛丽亚、约瑟夫和布洛妮娅），照片摄于 1873 年。居里和约里奥 - 居里档案馆收藏。
007	瓦迪斯瓦夫和布罗尼斯拉瓦·斯科洛多夫斯基夫妇在华沙弗雷塔街家中的客厅中，围绕在他们身边的是二人开办的寄宿学校的年轻学生，照片摄于 1876 年。居里和约里奥 - 居里档案馆收藏。
008	玛丽亚·斯克洛多夫斯卡在日记中手绘的斯克洛多夫斯基家中的宠物狗，指示犬兰塞特，绘于 1893 年左右。居里和约里奥 - 居里档案馆收藏。
009	玛丽亚·斯克洛多夫斯卡手持一束铃兰，照片摄于 1883 年。居里和约里奥 - 居里档案馆收藏。
011	瓦迪斯瓦夫·斯科洛多夫斯基和他的女儿们（从左至右：玛丽亚，布洛妮娅和海伦娜），照片摄于 1890 年。居里和约里奥 - 居里档案馆收藏。
013 上	流动大学，版画。华沙居里博物馆收藏。
013 中	奥古斯特·孔特的著作标题"积极哲学课程"，巴黎，巴舍利耶出版社，1830—1842 年。法国国家图书馆收藏。
014	约翰·斯图尔特·密尔，漫画，《名利场》，伦敦，1873 年。
016 上	波兰什祖克基洛斯基家的房子，摄于 19 世纪末。居里和约里奥 - 居里档案馆收藏。
016 下	1890 年 3 月 12 日，玛丽亚·斯克洛多夫斯卡用波兰语写给姐姐布洛妮娅的信。居里和约里奥 - 居里档案馆收藏。
017	卡齐米耶兹·佐洛斯基，佐洛斯基家族的长子，照片摄于 1888 年左右。居里和约里奥 - 居里档案馆收藏。
018	巴黎概貌，1900 年左右摄于凯旋门。
019	留学巴黎的波兰学生群体，照片摄于 1892 年。居里和约里奥 - 居里档案馆收藏。
021 上	皮埃尔和玛丽·居里 1895 年拍摄的一张所谓"结婚照"的照片。居里和约里奥 - 居里档案馆收藏。
021 下	玛丽·居里 1895 年写给一位朋友的信，宣布她将与皮埃尔·居里结婚。
022	尤金·居里博士和他的妻子克莱尔·德普利，以及他们的孩子雅克和皮埃尔，照片摄于 1878 年。居里和约里奥 - 居里档案馆收藏。

第三章

片摄于 1908 年。

068　克洛迪斯·勒戈，在巴斯德研究所的实验室里，照片摄于 1925 年。居里和约里奥－居里档案馆收藏。

069　玛丽·居里在居维叶街的实验室里，摄于 1918 年左右。居里和约里奥－居里档案馆收藏。

070　玛丽·居里站在伊雷娜和艾芙中间，位于镭学研究所实验室的露台上，照片摄于 1918 年。居里和约里奥－居里档案馆收藏。

071 上　玛丽·居里在镭学研究所的办公室，照片。居里和约里奥－居里档案馆收藏。

071 下　镭学研究所，照片摄于 1922 年左右。居里和约里奥－居里档案馆收藏。

072　《放射学鱼战争》扉页，玛丽·居里著，1922 年。居里博物馆收藏。

073　玛丽·居里驾驶着她的 X 光车，照片摄于 1916 年。居里和约里奥－居里档案馆收藏。

074~075　玛丽·居里在伊迪丝·卡维尔医院的实验室，照片摄于 1917 年。居里和约里奥－居里档案馆收藏。

076 左　玛丽和伊雷娜在胡格斯塔德医院（比利时），旁边是她们的 X 光机，照片摄于 1915 年。居里和约里奥－居里档案馆收藏。

076~077　"小居里"（放射车）从前线返回荣军院，照片摄于 1916 年。居里和约里奥－居里档案馆收藏。

078　镭学研究所巴斯德楼中的放射治疗设施，照片摄于 1920 年。

079 上　安装在斯德哥尔摩的镭弹，照片摄于 1922 年。居里和约里奥－居里档案馆收藏。

079 下　20 世纪 20—30 年代，用于内分泌肿瘤近距离放射治疗的模压装置，照片。居里和约里奥－居里档案馆收藏。

080~081　镭学研究所巴斯德楼内新建的放射疗法诊所的走廊，照片摄于 1930 年左右。居里和约里奥－居里档案馆收藏。

083　伊雷娜和弗雷德里克·约里奥－居里在镭学研究所的实验室，照片摄于 1934 年。居里和约里奥－居里档案馆收藏。

084　玛丽·居里刚刚收到胡佛总统给她的一张支票，用于为华沙研究所购买 克镭，照片摄于 1929 年。居里和约里奥－居里档案馆收藏。

085 上　玛丽·居里 1921 年抵达纽约，照片。居里和约里奥－居里档案馆收藏。

$$Ra = \underline{223.3}$$

索引

图片版权

ACJC (Archives Curie et Joliot-Curie) 1, 3, 4-5 (surimp), 6-7 (surimp), 8-9 (surimp), 10, 12, 003b, 006h, 006b, 007, 008, 009, 011, 016h, 016b, 017, 019, 021h, 022, 024, 025, 026b, 028h, 029, 030, 030-031, 033b, 034, 036b, 037hd, 041, 042, 043, 044h, 044b 045, 046h, 050-051, 052, 055b, 056b, 057h, 061, 063h, 064, 065hg, 068, 069, 070, 071h, 071b, 072, 074-075, 076, 076-077, 079h, 079b, 080-081, 083, 084, 085h, 086, 087, 088, 090, 097, 100, 103, 105, 110, 114, 116, 117, 122, 123, 125, 129, 132, 159. AKG-images 4-5 fond, 6-7 fond, 004, 047h. Bibliothèque nationale de France, Paris, 013b. DR 038b, 039m, 040h, 049b, 053, 093. Gallimard/Keystone-France 085b, 104. Kharbine-Tapabor 065hd, 065b, 095. Leemage/ Costa 050, 099. Leemage/Heritage images 014, 054. Leemage/HP 026. Leemage/MP 027. Leemage/Selva 028-029, 033h, 040b, 098. Mary Evans Picture Library 092. Musée Curie 036h, 046-047, 056h, 057b, 059h, 072, 087h, 087b, 147detg, 155. Musée Curie, Varsovie 002, 013h. Photo12.com/ARJ 089. Roger-Viollet 8-9 fond, 001, 018, 066h. Roger-Viollet/Jacques Boyer 055h, 060, 062-063, 066b, 067, 078, 091, 096. Roger-Viollet/Albert Harlingue 021, 038h. Roger-Viollet-Ullstein 021b, 037g. Roger-Viollet/ Topfoto 039h. Ullstein bild/KPA/ HIP/Oxford Science Archive 137.

致谢

伽利玛出版社感谢伊莲娜·约里奥－朗之万（Hélène Joliot-Langevin）。本书中使用到的肖像图大多来自巴黎居里博物馆的独家收藏。出版方向博物馆主任阿兰·布凯（Alain Bouquet）先生，历史照片库负责人伦卡·布罗查德（Lenka Brochard）先生以及档案和历史文献负责人娜塔利·胡切特（Nathalie Huchette）女士致以诚挚的谢意。

文化篇

《卢浮宫：艺术回忆录》
《乔治·蓬皮杜艺术中心：被误解的博堡年代》
《文字：人类文明的记忆》

历史篇

《玛雅：失落的文明》
《庞贝：被埋没的城市》
《美索不达米亚：文明的诞生》
《印加：太阳的子民》
《阿兹特克：破碎的帝国命运》
《古埃及：被遗忘的文明古国》
《伊特鲁里亚：一个神秘的时代》

《爱因斯坦：思想的快乐》
《玛丽·居里：科学的信仰》
《弗洛伊德：疯狂中的真理》
《达尔文：进化的密码》
《伽利略：星星的使者》
《宇宙的命运：大爆炸之后》

科学篇

文学篇

《普鲁斯特：时间的殿堂》
《波伏瓦：书写的自由》
《托尔斯泰：伟大而孤独的文学巨匠》

艺术篇

《莫扎特：众神所爱》
《罗丹：天才之手》
《贝多芬：音乐的力量》
《毕加索：天才与疯子》
《达达主义：艺术的反抗》